Tokyo of TOKYO TOWER

東京タワーと東京の60年

お年玉です
伊達直人

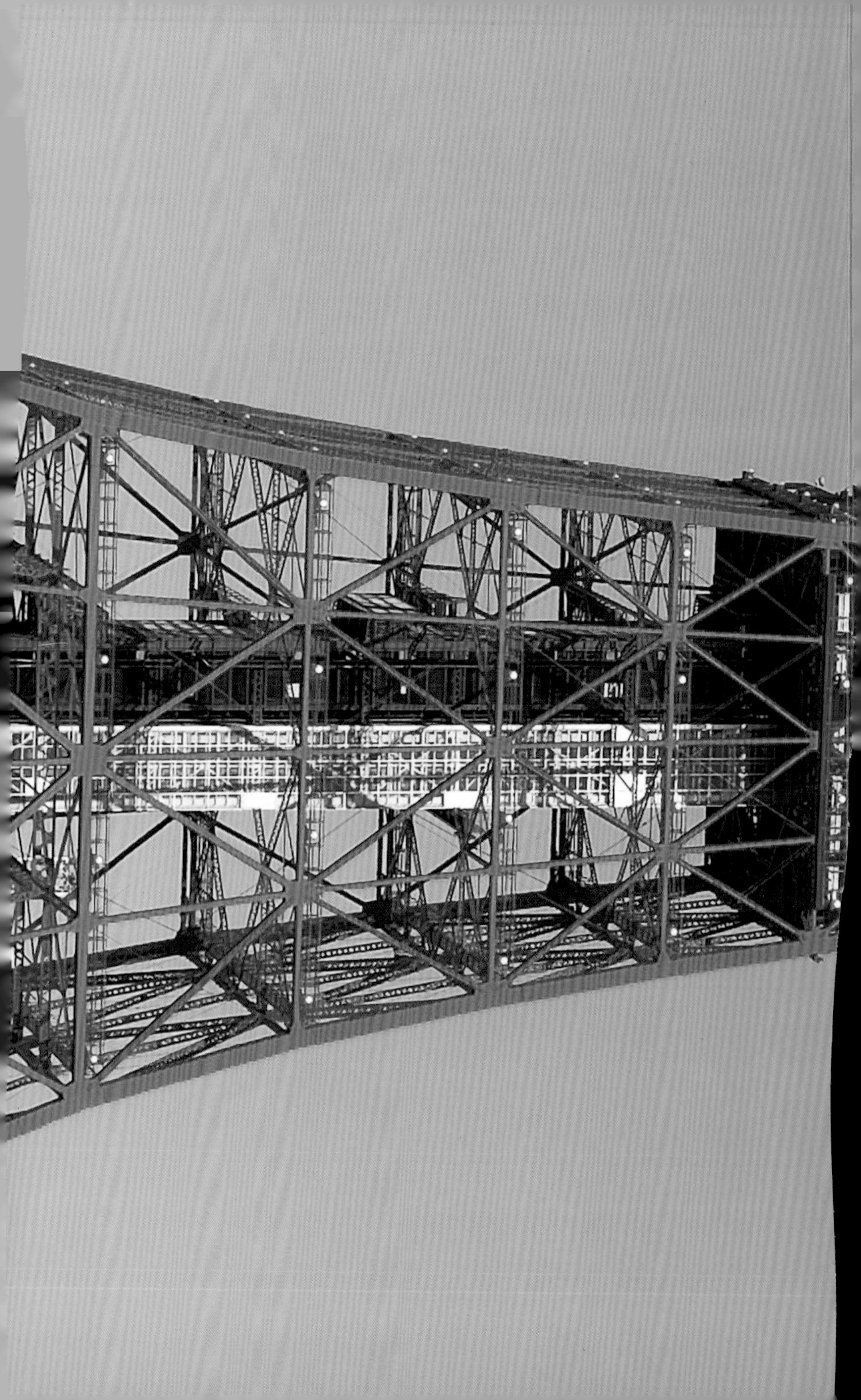

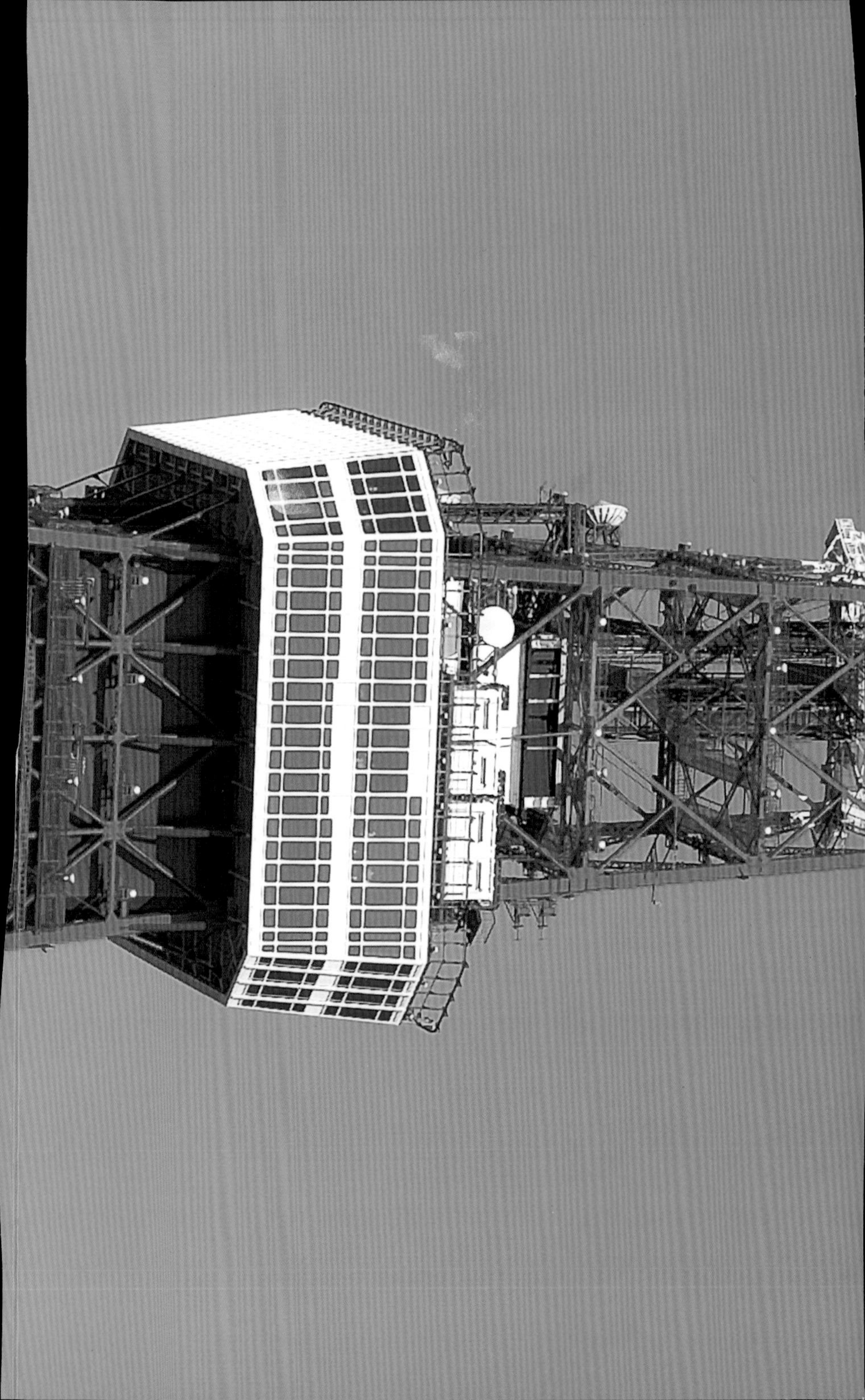

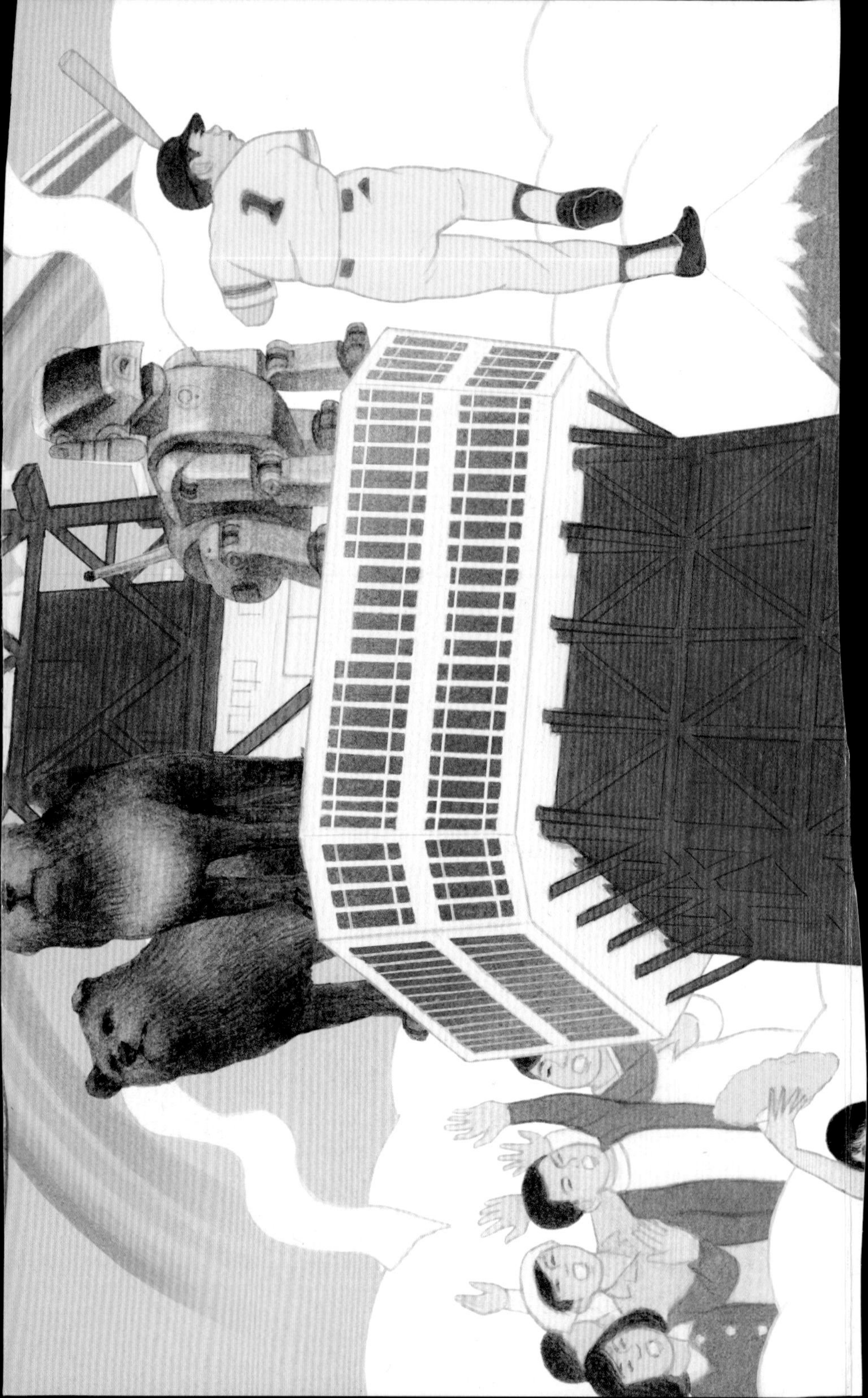

2020

77
1964

TO
KYO
TOWER

Tokyo of

東京タワーと東京の60年

TOKYO TOWER

「東京の真ん中にそびえたつものと言えば？」と問われれば、まず誰もが「東京タワー」を筆頭に挙げるはず。これは今や日本人だけでなく、世界中の人に尋ねても、同じように答えることだろう。全長333メートルにもおよぶ東京タワーは昭和33年（1958年）に、主にテレビ・ラジオの総合電波塔として開業したが、以降60年以上にもわたって東京のシンボルとなった。

この60年の間、東京および日本は目まぐるしく変わり続け、東京タワーの存在意義も開業当初とは変わっていったが、あのアーチ型の壮観なディテール、そして日本の文化を支えた建造物としての重要性は今なお変わらず大きく存在し続けている。

本書は、その東京タワーと目まぐるしく変わっていった東京および日本の60年間をまとめて紹介するものだが、ビジュアルを多く見ていただくことで、読者の皆さまに一冊を通してタイムスリップしていただけるよう構成したつもりである。同時に、激しい変遷をつぶさに見守り続け、今なお変わらず人々に愛され続ける東京タワーの存在を改めて知っていただければ幸いである。

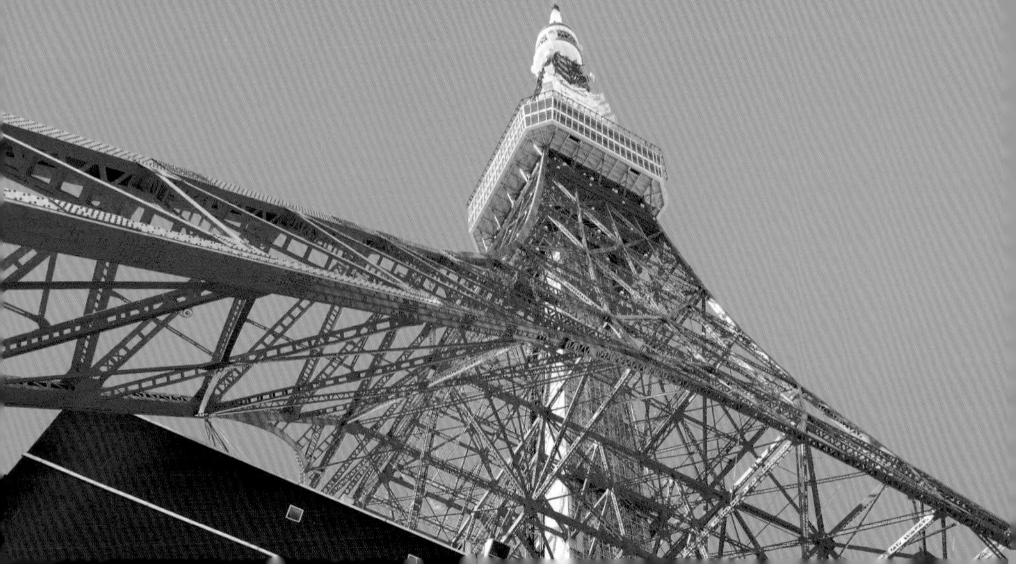

If someone asks "what do you think up first when it comes to a building standing tall in the center of Tokyo?", then "TOKYO TOWER" will definitely head the bill. Today, this answer will hold true not only for Japanese, but people around the world as well.

The 333 meter-tall TOKYO TOWER was opened in 1958 mainly as a composite electric wave tower for television and radio broadcasting. At the same time, TOKYO TOWER has been a symbol of Tokyo since then.

Over the past 60 years, Tokyo and Japan have been changing dizzyingly, and the raison d'etre of TOKYO TOWER has been changed since its opening. However, its spectacular arched detail and the importance as a building which has supported the culture of Japan have been unchanged and had a substantial presence.

This book summarizes how Japan, Tokyo and TOKYO TOWER have been transformed for the past six decades. We have produced this book with the hope that, by introducing many visual contents, you can time-trip through the book. At the same time, we hope that you can recognize the presence of TOKYO TOWER, which has long watched over the great transition in details and is still loved by many people.

被问起“要说矗立在东京市中心的东西”时，无论谁都会以东京塔为例来回答。如今在这一点上不仅仅是日本人，世界上所有人被问到也都会作出同样的回答。

东京塔全长 333 米，于昭和 33 年（1958 年）作为通用广播和电视塔开放，但在过去 60 多年里，它已经成为东京的象征。

在过去的 60 年里，东京和日本持续着瞬息万变，虽然东京塔存在的意义相比最初开放时发生了变化，但拱形外部下壮观的细节，还有它作为支撑日本文化的建筑物的重要性仍然存在着。

本书介绍了东京塔以及日新月异的东京和日本的 60 年，是一本能让读者朋友通过大量视觉图像感受时光倒流的书。同时，如果您能在密切关注激烈变化之际，也能想起仍然深受人们喜爱的东京塔的存在的话，我将不胜感激。

被問起‘要說佇立在東京市中心的東西”時，無論誰都會以東京塔為例來回答。如今在這一點上不僅僅是日本人，世界上所有人被問到也都會作出同樣的回答。

東京塔全長 333 米，於昭和 33 年（1958 年）作為通用廣播和電視塔開放，但在過去 60 多年裡，它已經成為東京的象徵。

在過去的 60 年裡，東京和日本持續著瞬息萬變，雖然東京塔存在的意義相比最初開放時發生了變化，但拱形外部下壯觀的細節，還有它作為支撐日本文化的建築物的重要性仍然存在著。

本書介紹了東京塔以及日新月異的東京和日本的 60 年，是一本讓讀者朋友通過大量視覺圖像感受時光倒流的書。同時，如果您能在密切關注激烈變化之際，也能想起仍然深受人們喜愛的東京塔的話，我竟不勝感激。

'도쿄 한복판에 우뚝 솟아 있는 것은?' 이라고 물으면 누구나 '도쿄 타워'를 가장 먼저 떠올릴 것이다. 지금은 일본인뿐만 아니라 전 세계 사람에게 물어도 똑같은 답이 나오지 않을까.

총 길이가 333 미터나 되는 도쿄 타워는 쇼와 33 년 (1958 년) 에 텔레비전 · 라디오의 종합 전파탑을 주요 목적으로 삼아 개업한 이후 60 년 이상에 걸쳐 도쿄의 상징이 됐다.

이 60 년 동안, 도쿄 및 일본은 큰 변화를 거듭했고 도쿄 타워의 존재의의 또한 개업 초기와는 달라지게 됐지만, 장관인 아치형의 디테일, 그리고 일본의 문화를 지탱해 온 건조물로서의 중요성은 지금도 변하지 않고 큰 의미를 지닌 채 존재하고 있다.

이 책자를 통해 도쿄 타워와 함께 크게 변화해 온 도쿄 및 일본의 60 년을 소개하고자 하며, 다수의 이미지를 담아 독자 여러분이 이 한 권을 통해 시간 여행을 할 수 있도록 구성해 보았다. 동시에 격한 변화를 가만히 지켜보면서 아직도 변함없이 사람들에게 계속해서 사랑받는 도쿄 타워의 존재를 다시 한번 생각해 볼 계기가 됐으면 한다.

東京タワー開業前夜

The night before TOKYO TOWER

TOKYO TOWER
opening

The night before TOKYO TOWER opening

東京タワー開業前夜

第二次世界大戦で敗北した日本は、戦後のインフレを抑えるために強行されたデフレ政策（ドッジ・ライン）によって、多くの失業者や企業の倒産を生んだ。しかし、昭和25年（1950年）に朝鮮戦争が勃発すると、アメリカ軍からの要請を受け、補給物資の支援や戦車や戦闘機の修理などを日本が大々的に請け負った。これを契機に日本経済は急激に復興への足掛かりを得た。この結果、昭和30年（1955年）前後には国民所得は戦前を上回る水準に達し、日本は世界に例のない高度経済成長期を迎えることとなった。

また、昭和31年（1956年）頃には、電化製品の進化に伴い、耐久消費財ブームが巻き起こる。特に"三種の神器"と呼ばれた冷蔵庫、洗濯機、白黒テレビの需要は絶大だった。

特に当時目新しかったテレビおよびテレビメディアに対する日本国民の関心は高かったが、当時はまだ各テレビ局ごとに電波塔は独立されたものだった。これを１本化する電波塔を作るという構想を、当時の郵政省電波管理局長が立ち上げた。これが東京タワー建設の礎である。

果たして、昭和32年（1957年）には東京タワーの建設がスタート。建設費は当時の価格で約30億円であった一方、建設期間は1年半と比較的短く、結果的にのべ21万9335人もの人が関わることとなった。

高度経済成長はとどまるところを知らず、昭和48年（1973年）頃まで右肩上がりを続けるが、その好景気のシンボルとしてメディアに映し出された東京タワーは、この時代を駆け抜けた多くの日本国民の心の中に、日本の未来と豊かさを反映した存在になった。以来、60年以上を経た今なおメディアで観ない日はないほど愛され続けている。

After the defeat of World War II, Japan was forced to implement Dodge Line, a countermeasure policy drawn up and admonished by GHQ (General Headquarters) in order to curb the post-war inflation and instead produce deflation. It triggered massive unemployment and bankruptcy. However, as the Korean War broke out in 1950, Japan extensively undertook the support of U.S forces such as the provision of relief supplies and the repair of battle planes. Through them, Japan gained a foothold to radically restore Japanese economy. As a result, Japanese national income surpassed its pre-war level in around 1950, and Japan entered the era of high economic growth without parallel in the world.

Also, in around 1956, the boom of durable consumer goods was fueled by the advancement of electronic goods. Japanese people called three highly in-demand appliances, refrigerator, washing machine and black-and-white television, as "three sacred treasures".

Japanese people had an especially great interest in still brand-new television itself and television media. However, each television station had its own electric wave tower independently. At that time, then Director of Telecommunications of the Ministry of Posts and Telecommunications set a plan to build a composite tower to integrate them. It led to the construction of TOKYO TOWER.

The construction started in 1957. While the construction cost was 3 billion yen at that time, the scheduled construction period was one and a half years, which is relatively shorter than usual. As a result, a total of 219,335 workers had engaged in the construction.

The period of high economic growth had shown no sign of slowing down. In fact, Japan had experienced a soaring economy by 1973. TOKYO TOWER had appeared in the media as a symbol of economic boom. Many Japanese people who spent this period had kept TOKYO TOWER in their hearts as Japan's future and prosperity. Even over 60 years after the construction, TOKYO TOWER has been loved and never disappeared from the media.

〰〰〰〰〰〰〰〰〰〰

日本在第二次世界大战中战败，为了抑制战后通货膨胀而强制实行通货紧缩政策（Dodge Line 道奇路线），因为这个原因导致很多人失业、公司破产。但是在昭和 25 年（1950 年）朝鲜战争爆发时，应美国军方要求，日本在提供物资以及修理坦克和战斗机方面发挥了重要作用。以此为契机，日本经济迅速获得了恢复的立足点。结果大约在昭和 30 年（1955 年），国民收入达到了战前的水平，日本进入了世界上前所未有的经济高速增长时期。

此外，在昭和 30 年（1956 年）前后，随着电器的发展，耐用消费品的热潮出现了。特别是被称为三大神器的冰箱、洗衣机和黑白电视的需求量巨大。

尤其是当时日本人民对崭新的电视和电视媒体特别感兴趣，但那时每个电视台都有自己独立的广播塔。当时的邮电部无线电管理局局长提出了将其统一化建造单个无线电塔的构想。这便是东京塔建设的雏形。

实际上东京塔的建设始于昭和 32 年（1957 年）。当时的建设成本约为 30 亿日元，建设周期也相对比较短，花了一年半时间，总共涉及 21 万 9335 人。

在经济高速增长时期马不停蹄，经济一直持续增长直到昭和 48 年（1973 年）左右，东京塔被媒体反映为经济繁荣的象征，在经历了这个时代的许多日本人的心中，它也是一种反映了日本的未来和富裕的存在。迄今为止 60 多年过去了，即使不通过媒体也能继续爱着它。

〰〰〰〰〰〰〰〰〰〰

日本在第二次世界大戰中戰敗，為了抑制戰後通貨膨脹而強制實行通貨緊縮政策（Dodge Line 道奇路線），因為這個原因導致很多人失業、公司破產。但在昭和 25 年（1950 年）朝鮮戰爭爆發時，應美國軍方要求，日本在提供物資以及修理坦克和戰鬥機方面發揮了重要作用。以此為契機，日本經濟迅速獲得了恢復的立足點。結果大約在昭和 30 年（1955 年），國民收入達到了戰前水平，日本進入了世界上前所未有的經濟高速增長時期。

此外，在昭和 30 年（1956 年）前後，隨著電器的發展，耐用消耗品的熱潮出現了。特別是被稱為三大神奇的冰箱、洗衣機和黑白電視的需求量巨大。

尤其是當時日本人民對嶄新的電視和電視媒體特別感興趣，但那個時候每個電視台都有自己獨立的廣播塔。當時的郵電部無線電管理局局長提出了將其統一化建造單個無線電塔的構想。這邊是東京塔建設的雛形。

實際上東京塔的建設始於昭和 32 年（1957 年）。當時的建設成本約為 30 億日幣，建設週期也相對比較短，花了一年半時間，總共涉及 21 万 9335 人。

在經濟高速增長時期馬不停蹄，經濟一直持續增長直到昭和 48 年（1973 年）左右，東京塔被媒體反映為經濟繁榮的象徵，在經歷了這個時代的許多日本人的心中，它也是一種反映了日本的未來和富裕的存在。迄今為止 60 多年過去了，即使不通過媒體也能繼續愛著它。

〰〰〰〰〰〰〰〰〰〰

제 2 차 세계대전에서 패배한 일본은 세계대전 이후의 인플레이션을 억제하기 위해 강행된 디플레 정책 (닷지 라인) 으로 인하여 많은 실업자와 기업의 도산을 낳았다 . 하지만 쇼와 25 년 (1950 년), 한국 전쟁이 발발하자 일본은 미국군의 요청을 받아 보급 물자 지원과 전차 및 전투기 수리 등을 대대적으로 맡게 된다 . 이를 계기로 일본 경제는 급격히 부흥의 계기를 얻게 됐다 . 그 결과 , 쇼와 30 년 (1955 년) 전후의 국민 소득은 세계대전 이전을 웃도는 수준에 이르렀고 , 일본은 세계에 유례가 없는 고도 경제 성장기를 맞이했다 .

또한 , 쇼와 31 년 (1956 년) 경에는 전자 제품의 진화에 따라 내구 소비재 붐이 일어난다 . 특히 '3 종의 신기' 로 불린 냉장고 , 세탁기 , 흑백 텔레비전의 수요는 절대적이었다 .

특히 당시 그야말로 새로웠던 텔레비전과 텔레비전 미디어에 대한 일본 국민의 관심이 매우 높았지만 , 당시는 아직 각 방송사에서 전파탑을 독립적으로 운영하고 있었다 . 당시 우정성 전파관리국장이 이를 단일화하는 전파탑을 만들겠다는 구상을 세우게 됐고 , 이것이 도쿄 타워 건설의 토석이 된다 .

이윽고 쇼와 32 년 (1957 년), 도쿄 타워의 건설이 시작됐다 . 건설비는 당시 가격으로 약 30 억 엔이었다 . 그럼에도 건설 기간은 1 년 반으로 비교적 짧았고 , 결과적으로 총 21 만 9335 명의 사람이 이에 관여하게 됐다 .

고도 경제 성장기는 멈출 줄을 모르며 쇼와 48 년 (1973 년) 경까지 고공 행진을 계속했으며 , 그 호황의 상징으로서 언론에 비친 도쿄 타워는 이 시대를 거친 많은 일본 국민의 마음속에 일본의 미래와 풍요를 반영하는 존재가 됐다 . 이후 60 년 이상이 지난 지금도 언론에서 만나볼 수 없는 날이 없을 정도로 널리 사랑받고 있다 .

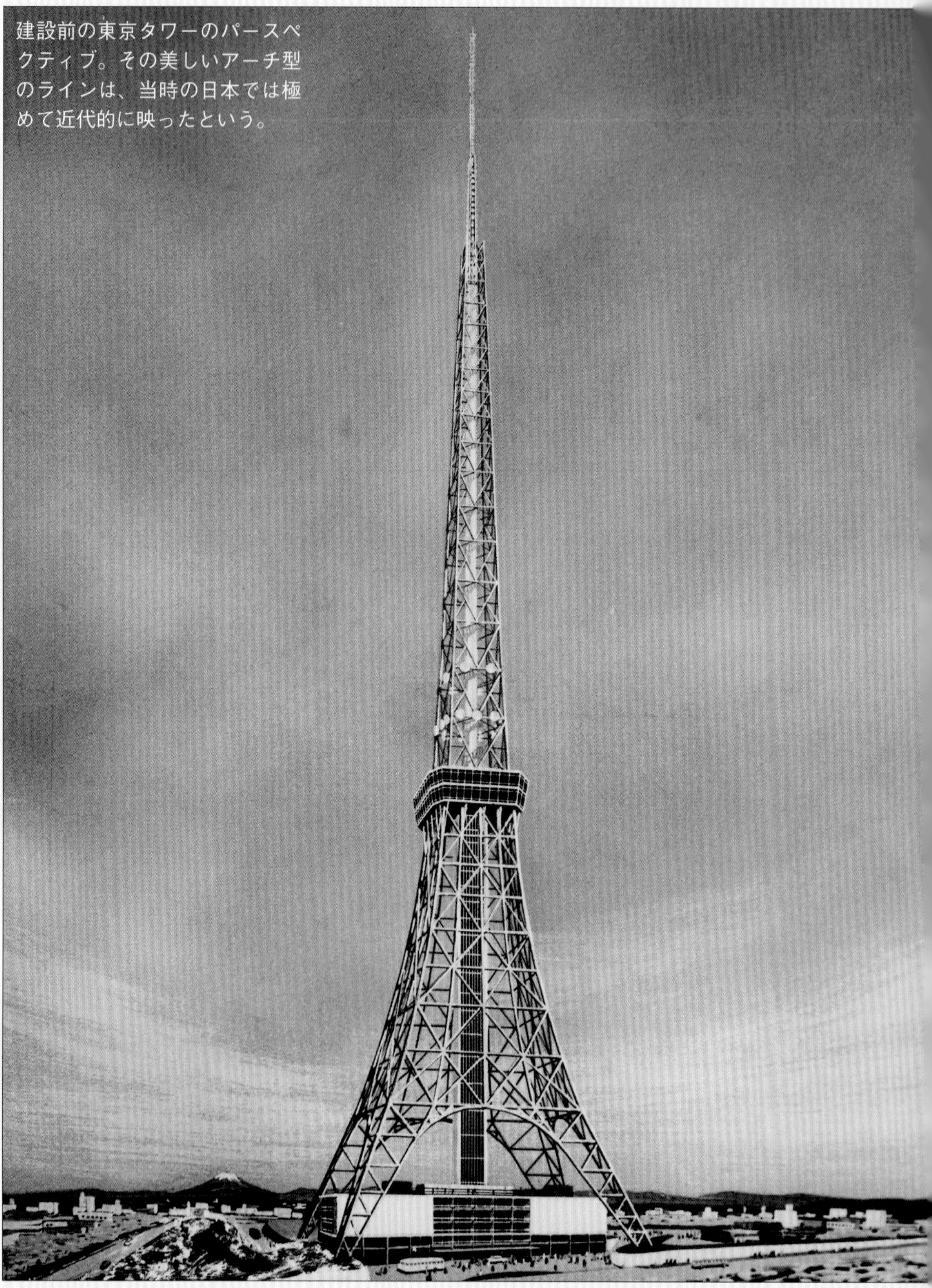

建設前の東京タワーのパースペクティブ。その美しいアーチ型のラインは、当時の日本では極めて近代的に映ったという。

近隣にある増上寺の墓地の一部を取り壊し、昭和32年（1957年）6月より工事が始まった。施工は竹中工務店。鉄骨製作は三菱重工、松尾橋梁。鉄骨建方は宮地建設工業が請負った。

当時はまだ電卓さえ無い時代。様々な方法で緻密な計測がなされて工事されたが、それでも想定とは異なる壁にたびたびぶつかり、その都度原因究明をしながら進んだという。

東京タワーの全高は333メートルだが、高さ141.1メートル地点まではリベットで組み立て、それ以上は亜鉛メッキなどの素材が用いられているため、ボルト接合で組み立てられることに。

189.7メートル付近の鉄骨建方中の状況。エレクターと呼ばれる重機で鉄骨建方を行っている。東京タワーの特殊な形状を実現するために、ジンポール、ガイデリック、エレクター、ケーブルクレーンと高さに応じ、主に４種類のクレーンや揚重機を用いて塔体の鉄骨建方を実施したという。

工事中の高所までの移動は80メートルの足場まで4分で昇ることができたゴンドラで移動。そこから鳶職人たちが足場をつたって作業をしたが、強風にあおられることも多かったという。

着々と完成に近づいていく東京タワーと鉄塔に張り巡らされた無数の足場。

着工から約1年半を経て、昭和33年（1958年）12月に完成。基本的な構造は、60年以上経った今日も変わらず、東京のシンボルとして愛され続けている。

Tokyo of TOKYO TOWER　東京タワーと東京の60年

CONTENTS

tower.1

昭和33年～昭和38年

1958

1963

tower.1

1958–1963

昭和33年〜昭和38年

東京タワーが建設される以前、各テレビ局は独自に電波塔を立てていたが、高くても150メートルほどであり、電波の送信範囲も半径約70キロメートルに限られていた。同時に各テレビ局の開局が進み、電波塔が乱立した場合、航空安全面での危険性があることと同時に、景観を乱すという問題が懸念された。

さらに、電波塔が設置されている位置が各局ともバラバラであったために、視聴者はチャンネルを変える度に、アンテナの位置を変えなければいけないという問題もあった。こうした問題を解決しながら、鉄塔に展望台を設けるなどして、観光資源にもなりうるよう東京タワーは建設された。

果たして東京タワーは、昭和33年（1958年）12月23日、完工式を行った後、正式に開業。特に翌年の昭和34年（1959年）の正月は観光客でタワー内が溢れんばかりとなった他、同年にはNHK教育テレビ、日本教育テレビ（現在のテレビ朝日）、富士テレビ（現在のフジテレビジョン）が続々と開局し、東京タワーを電波塔として利用。また、昭和37年（1962年）には天皇・皇后両陛下が見学に訪れ、展望台から見事な復興を遂げた東京の街並みを見学され、大きなニュースにもなった。

名実ともに東京タワーの存在は"東京のシンボル"あるいは"日本の経済復興のシンボル"として、多くの日本国民から支持されることになった。

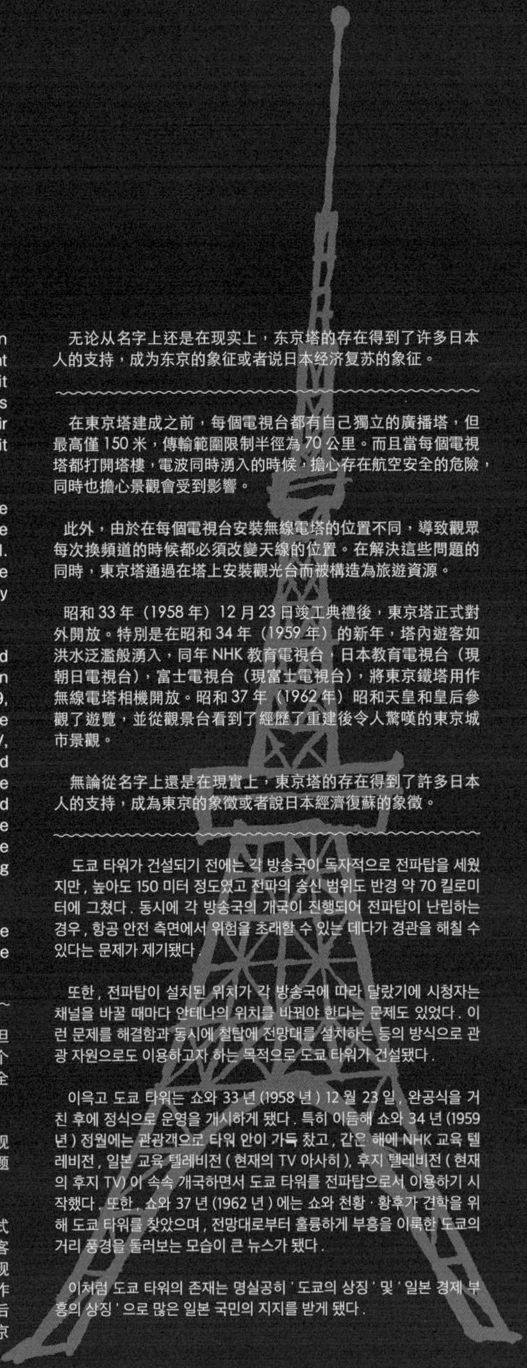

Prior to the construction of TOKYOTOWER, each television station had its own electric wave tower. However, its height was 150 meters at best, and it was restricted to transmit the wave within a 70km radius. At the same time, it was concerned that, if many broadcast companies started their businesses and accordingly many towers were to be built, it would pose a risk of aviation safety and impair scenery.

Moreover, the places of each station's tower were so scattered that viewers had to change the place of the antenna each time they changed the channel. TOKYOTOWER was constructed in order to both solve these problems and become a sightseeing resource by installing an observatory on the tower.

On December 23, 1958, TOKYOTOWER officially opened following the ceremony commemorating the completion of construction. During the new-year holidays of 1959, TOKYOTOWER was overcrowded with tourists. In the same year, Japan Broadcasting Corporation (NHK) Education TV, Nihon Educational Television (now called TV Asahi) and Fuji Television started their businesses and transmit the airwaves via TOKYOTOWER. In 1962, the Emperor and the Empress of Japan visited TOKYOTOWER to regard the cityscape of Tokyo, which had just achieved the remarkable revival, from the observatory. This visit was treated as big news.

In both name and reality, TOKYOTOWER had become a symbol of Tokyo and a symbol of revival of Japanese economy, and had favor with many Japanese people.

在东京塔建成之前，每个电视台都有自己的独立广播塔，但最高仅 150 米，传输范围限制半径约为 70 公里。 而且当每个电视台都打开塔楼，电波同时涌入的时候，担心存在航空安全的危险，同时也担心景观会受到影响。

此外，由于在每个电视台安装无线电塔的位置不同，导致观众每次换频道的时候都必须改变天线的位置。在解决这些问题的同时，东京塔通过在塔上安装观展台而被构造为旅游资源。

昭和 33 年（1958 年）12 月 23 日竣工典礼后，东京塔正式对外开放。特别是在昭和 34 年（1959 年）的新年，塔内游客如洪水泛滥般涌入，同年 NHK 教育电视台，日本教育电视台（现朝日电视台），富士电视台（现富士电视台），将东京铁塔用作无线电塔相继开放。昭和 37 年（1962 年），昭和天皇和皇后参观了游览，并从瞭望台看到了经过了重建后令人惊叹的东京城市景观。

无论从名字上还是在现实上，东京塔的存在得到了许多日本人的支持，成为东京的象征或者说日本经济复苏的象征。

在東京塔建成之前，每個電視台都有自己獨立的廣播塔，但最高僅 150 米，傳輸範圍限制半徑為 70 公里。而且當每個電視塔都打開塔樓，電波同時湧入的時候，擔心存在航空安全的危險，同時也擔心景觀會受到影響。

此外，由於在每個電視台安裝無線電塔的位置不同，導致觀眾每次換頻道的時候都必須改變天線的位置。在解決這些問題的同時，東京塔通過在塔上安裝觀光台而被構造為旅遊資源。

昭和 33 年（1958 年）12 月 23 日竣工典禮後，東京塔正式對外開放。特別是在昭和 34 年（1959 年）的新年，塔內遊客如洪水泛濫般湧入，同年 NHK 教育電視台，日本教育電視台（現朝日電視台），富士電視台（現富士電視台），將東京鐵塔用作無線電塔相機開放。昭和 37 年（1962 年）昭和天皇和皇后參觀了遊覽，並從觀景台看到了經歷了重建後令人驚嘆的東京城市景觀。

無論從名字上還是在現實上，東京塔的存在得到了許多日本人的支持，成為東京的象徵或者說日本經濟復蘇的象徵。

도쿄 타워가 건설되기 전에는 각 방송국이 독자적으로 전파탑을 세웠지만 , 높아도 150 미터 정도였고 전파의 송신 범위도 반경 약 70 킬로미터에 그쳤다 . 동시에 각 방송국의 개국이 진행되어 전파탑이 난립하는 경우 , 항공 안전 측면에서 위험을 초래할 수 있는 데다가 경관을 해칠 수 있다는 문제가 제기됐다 .

또한 , 전파탑이 설치된 위치가 각 방송국에 따라 달랐기에 시청자는 채널을 바꿀 때마다 안테나의 위치를 바꿔야 한다는 문제도 있었다 . 이런 문제를 해결함과 동시에 철탑에 전망대를 설치하는 등의 방식으로 관광 자원으로도 이용하고자 하는 목적으로 도쿄 타워가 건설됐다 .

이윽고 도쿄 타워는 쇼와 33 년 (1958 년) 12 월 23 일 , 완공식을 거친 후에 정식으로 운영을 개시하게 됐다 . 특히 이듬해 쇼와 34 년 (1959 년) 정월에는 관광객으로 타워 안이 가득 찼고 , 같은 해에 NHK 교육 텔레비전 , 일본 교육 텔레비전 (현재의 TV 아사히), 후지 텔레비전 (현재의 후지 TV) 이 속속 개국하면서 도쿄 타워를 전파탑으로서 이용하기 시작했다 . 또한 , 쇼와 37 년 (1962 년) 에는 쇼와 천황 · 황후가 견학을 위해 도쿄 타워를 찾았으며 , 전망대로부터 훌륭하게 부흥을 이룩한 도쿄의 거리 풍경을 둘러보는 모습이 큰 뉴스가 됐다 .

이처럼 도쿄 타워의 존재는 명실공히 ' 도쿄의 상징 ' 및 ' 일본 경제 부흥의 상징 ' 으로 많은 일본 국민의 지지를 받게 됐다 .

tower.1 1958–1963

昭和33年（1958年）、開業時のスナップ。東京タワーの模型の先端を嬉しそうに指差す子どもたち。右は創業者・前田久吉。

上は昭和33年（1958年）の開業祝賀レセプションに来塔された秩父宮妃殿下、高松宮妃殿下。下は翌年昭和34年（1959年）の元旦、日の出前の東京タワー。

tower.1 1958–1963

上と左は、昭和34年（1959年）の正月の様子。当時、フランス・パリのエッフェル塔よりも高い“世界一の自立式鉄塔”として、日本全国から来塔者が訪れ大賑わいとなった。同年、東京タワーのアンテナからNHK教育テレビをはじめ数々の電波が発信され始める。下は高まる東京タワー人気に伴い、製造された多くの観光グッズや記念品。

大展望台2階（現在のメインデッキ2階）にあった売店で、様々な記念品を購入する人々。

tower.1 1958−1963

昭和34年（1959年）の夏時点で、来塔者はすでに3百万人をオーバー。この人気にともない、"ミステレビ塔"という女性も認定された。

左は昭和36年（1961年）、ウィーン少年合唱団。同合唱団は以降もたびたび来塔したという。右は展望台で当時目新しかった展望鏡を奪い合うように覗く子どもたち。

昭和37年（1962年）には、東京タワーに隣接する敷地に東京タワーボウリングセンターが開業。64レーンを備えたボウリング場は当時東洋最大と言われ、後に社会現象にもなるボウリングブームを牽引するスポットになった。

昭和37年（1962年）3月29日には昭和天皇、皇后両陛下も来塔された。大展望台（現在のメインデッキ）より、西側を眺め、東京の復興ぶりを一望された。前田久吉（写真中）ら、日本電波塔株式会社の社員がご案内した。

渋谷 池袋
東横
熱海
ATAMI

tower. 2

昭和39年

1964

TOKYO 1964

tower.2

1964

昭和39年

第二次世界大戦の敗戦から19年、東京で第18回オリンピック東京大会が開催されることになった。この東京大会の開催が決定した昭和34年（1959年）から昭和39年（1964年）の開催までの5年間で、東京の各地に競技施設が続々と建設され、街の構造自体にも変化が訪れる。

このときに生まれた競技施設は日本武道館（柔道）、馬事公苑（馬術）、国立代々木競技場（水泳、バスケットボール）、駒沢オリンピック公園（体操、水球）、渋谷公会堂（重量上げ）など。また、こういった競技施設の一部に隣接するエリアに公園ができ、都心に豊かな緑地も生まれた一方、渋谷や表参道などでは街の区画整理などで近代的な商業エリアへと変貌を遂げ、今日の東京の礎となった。

同時に地下鉄や道路などの整備も行われ、東海道新幹線や東京モノレールが開業した他、東京オリンピック開催のわずか9日前に浜崎橋ジャンクションから東京タワーのある芝公園までを結ぶ道路も完成。こういった一連の東京の移り変わりをつぶさに見つめ続けたのも、また東京タワーだったと言って良いだろう。

また、東京タワーでは開業以来、週末を中心に点灯していたイルミネーションを、東京オリンピック開催中は連夜点灯。この反響が大きかったことから、翌年の昭和40年（1965年）のクリスマスイブ以降、連夜点灯とした。当時はまだ"ライトアップ"という言葉が一般的ではなく、"イルミネーション"という呼び名で、タワーの4つの足に沿って5メートル間隔で鉄塔の輪郭をかたどるように電球が取り付けられていた。

It was in 1959 that Tokyo was named as a host city of the 18th Olympic Games of 1964, 19 years after the defeat of World War II. Between 1959 and 1964, many athletic facilities were constructed in Tokyo. Accordingly, the framework of the city was changed.

Newly-built facilities included Nippon Budokan (a venue for judo), Equestrian Park (equestrian), National Yoyogi Stadium (swim and basketball), Komazawa Olympic Park (gymnastics and water polo) and Shibuya Public Hall (weight lifting). Parks developed next to these facilities gave abundant greenery to the inner-city area. Meanwhile, town redemarcation projects transformed Shibuya and Omotesando into the modern commercial districts, which made the foundation of today's Tokyo.

At the same time, subway and road networks were constructed, and Tokaido Shinkansen bullet train and Tokyo Monorail started their services. Also, just nine days before the opening ceremony of the Olympic Games, road construction which connected Hamaszakibashi Junction and Shiba Park, where TOKYO TOWER is located, was completed. It is fair to say that TOKYO TOWER had taken a close look at the series of transformation of Tokyo.

TOKYO TOWER had been illuminated every weekend since the opening. During the Olympic Games, it was done nightly. Thanks to the huge public reaction, the nightly illumination has been conducted since the Christmas Eve of 1965. At that time, the term "lighting-up" was not as common as today. In this "illumination", light bulbs were hung along four legs of the tower at five-meter intervals, so that lights could represent the outline of steel tower.

第二次世界大战战败 19 年后，迎来了第 18 届东京奥运会在东京举行。 从昭和 34 年（1959 年）决定举办东京奥运会到昭和 39 年（1964 年）的五年里，竞技设施在东京各地相继建立，城市结构也发生了变化。

这时诞生的竞技设施有日本武道馆（柔道）、马术公园（马术）、国立代代木体育场（游泳，篮球）、小泽奥林匹克公园（体操，水球）、涩谷公会馆（举重）等。 此外，在其中一些体育设施附近建立了公园，在城市中心创造了丰富的绿色空间，涩谷和表参道也通过重组城市转变为现代商业区，成为当今东京城市结构的基石。

同时也整改了地铁和道路，开通了东海道新干线和东京单轨电车，仅在东京奥运会前九天，连接了滨崎桥交界处和东京铁塔所在的草坪公园的道路也建成了。可以说正是东京塔继续密切关注着东京的这一系列变化。

此外，自东京铁塔开放以来，主要在周末点亮的灯饰，在东京奥运会期间每晚都会在晚上点亮。因为有了这种惊艳的效果，所以它在次年昭和 40 年（1965 年）圣诞节前夕每晚被点亮。在当时 `` 灯饰 " 一词很少见，通常被称为 `` 灯光 "，灯泡沿着塔的四个角，以 5 米的间隔跟随塔的轮廓安装。

第二次世界大戰戰敗 19 年後，迎來了第 18 屆東京奧運會在東京舉行，從昭和 34 年（1959 年）決定舉辦東京奧運會到昭和 39 年（1964 年）的 5 年裡，競技設施在東京各地相繼建立，城市結構也發生了變化。

這是誕生的競技設施有日本武道館（柔道）、馬術公園（馬術）、國立代代木體育場（游泳，籃球）、小澤奧林匹克公園（體操，水球）、

澀谷公會館（舉重）等。此外，在其中一些體育設施附近建立了公園，在城市中心創造了豐富的綠色空間，澀谷和表参道也通過重組城市轉變為現代商業區，成為當今東京城市結構的基石。

同時也整改了地鐵和道路，開通了東海道新幹線和東京單軌電車，僅在東京奧運會前九天，連接了濱崎橋交界處和東京鐵塔所在的草坪公園的道路也建成了，可以說正是東京塔密切關注著東京的這一系列變化。

此時，自東京塔開放以來，主要在週末點亮的燈飾，在東京奧運會期間每天晚會在晚上點亮。因為有了這種驚艷的效果，所以它在次年昭和 40 年（1965 年）聖誕節前夕每晚被點亮。在當時"燈飾"一詞很少見，通常被成為"燈光"，燈泡沿著塔的四個角，以 5 米的間隔跟隨塔的輪廓安裝。

제 2 차 세계대전의 패전으로부터 19 년 , 도쿄에서 제 18 회 도쿄 올림픽이 개최된다 . 이 도쿄 올림픽의 개최가 결정된 쇼와 34 년 (1959 년) 부터 쇼와 39 년 (1964 년) 의 개최까지 5 년간 , 도쿄 각지에 경기 시설이 속속 건설됐고 거리의 구조 자체에도 변화가 찾아온다 .

이때 태어난 경기 시설은 일본 부도칸 (유도), 바지 공원 (승마), 국립 요요기 경기장 (수영 , 농구), 고마자와 올림픽 공원 (체조 , 수구), 시부야 공회당 (역도) 등이 있다 . 또한 , 이런 경기 시설 일부의 인접지에 공원이 만들어져 도심에 풍부한 녹지가 태어났다 . 한편 , 시부야나 오모테산도 등은 거리의 구획 정리를 통해 근대적인 상업 지역으로의 변모가 이뤄졌고 , 이는 오늘날 도쿄 거리 구조의 초석이 됐다 .

동시에 지하철과 도로 등도 정비가 이루어져 도카이도 신칸센과 도쿄 모노레일이 개업했으며 , 도쿄 올림픽을 불과 9 일 앞두고 하마자키바시 분기점에서 도쿄 타워가 위치한 시바 공원을 연결하는 도로도 완성됐다 . 이렇게 도쿄가 변화하는 모습을 빠짐없이 계속해서 바라본 것 또한 도쿄 타워라 할 수 있겠다 .

또한 , 도쿄 타워에서는 개업 이후 주말을 중심으로 점등했던 일루미네이션을 도쿄 올림픽 개최 기간 중에는 매일 밤 점등하게 됐다 . 이에 대한 반향이 컸기에 이듬해 쇼와 40 년 (1965 년) 의 크리스마스이브 이후 매일 밤 점등을 시작하게 된다 . 당시는 아직 ' 라이트업 ' 이라는 말이 일반적이지 않았기에 ' 일루미네이션 ' 이라는 통칭이 사용됐고 , 타워를 받치는 4 개의 발을 따라 5 미터 간격으로 철탑의 윤곽을 본뜨듯 전구가 달려 있었다 .

tower.2　1964

昭和39年（1964年）の東京オリンピック開催の数日前に、世界の塔の連盟を結成するために来塔したアメリカ・シアトルの展望塔、スペース・ニードルの親善使節団一行。

昭和39年（1964年）10月9日、東京オリンピックの開催前日に、東京タワー下を通過した聖火ランナー。沿道には、多くの人が集まり、祝福の歓声をあげた。

tower.2 1964

オリンピック開催前後、各国の選手団が来塔。当時はまだ今ほど外国人観光客が多い時代ではなく、東京タワーからの東京の景色を興味深く眺めていたという。

昭和39年（1964年）の浜崎橋ジャンクション付近。ここから芝公園までの道路は東京オリンピックの9日前に開通した。

tower.3

昭和40年～昭和45年

1965

1970

tower.3

1965－1970

昭和40年～昭和45年

昭和40年（1965年）から昭和45年（1970年）にかけての東京は、地下鉄が多く開通した時代である。昭和40年（1965年）の東西線開通を皮切りに、昭和43年（1968年）には三田線、昭和44年（1969年）には千代田線が開通。東京タワーの展望台から続々とできる駅を見れば、まるで東京タワーの足元に続々と地下鉄が張り巡らされたようにも映ったはずだが、これらの開通によって、東京都内の移動はさらにしやすくなった。

また、東京タワーへ訪れる観光客数が伸びた時代でもあり、昭和41年（1966年）には来訪者数3千万人を突破。翌昭和42年（1967年）には、多くの希望者の声に後押しされ、建設時に作業台として作られていた部分が特別展望台（250メートル）に転じられオープンに至った。

さらに昭和45年（1970年）には、東京タワーの3階部分に日本初の蝋人形館が開業。この蝋人形館は、後の東京タワーの目玉アトラクションの一つとなった。

これだけを見れば、順風満帆な時代だと捉えられなくもないが、ベトナム戦争や、昭和45年（1970年）に迫った日米安保条約改定に対する反対運動が日本全国で巻き起こった。

特に日本各地の大学キャンパスを舞台に学園闘争が激化し、中でも東京大学における占拠は、期間の長さや参加人数の多さにおいて突出した。昭和44年（1969年）には満員となった東大教養学部で、作家であり、政治活動家でもあった三島由紀夫と東大全共闘との討論会が開催。翌昭和45年（1970年）11月15日に、三島は自衛隊市ヶ谷駐屯地に乗り込み、割腹自殺を遂げた。戦後の短期間に飛躍した日本および東京においては、このような社会が混乱する事件もたびたび起こった。

Many subway lines were constructed in Tokyo between 1965 and 1970. It contributed to the enhancement of mobility in Tokyo. Tozai Line was opened in 1965, followed by Mita Line in 1968 and Chiyoda Line in 1969. Watching the stations newly-opened one after another from the observatory, it would look as if the subway network had been extended under the feet of TOKYO TOWER.

Also, TOKYO TOWER had experienced the growth of visitors during this period. In 1966, Total visitor number reached 30 million. In 1967, backed by the strong demand, the service platform, which was located at a height of 250 meters and used at the time of construction, was transformed into Special Observatory.

Moreover, Japan's first wax museum opened at the third floor of TOKYO TOWER in 1970. This museum later became one of the main attractions of TOKYO TOWER.

If you look at these achievements, you may think TOKYO TOWER had enjoyed prosperity during this period. However, the Vietnam War broke out, and massive protests against the 1970 revision of the Japan-U.S. Security Treaty erupted throughout Japan.

In particular, riots by university students at the respective campuses intensified. The seizure of The University of Tokyo stood out among them in terms of time span and number of participants. In 1969, a debate session between Yukio Mishima, a famed novelist and political activist, and Tokyo University All-Campus Joint Struggle League, a campaign group formed by students, was held at the packed lecture hall of The University of Tokyo, Faculty of Liberal Arts. On November 15, 1970, Mishima made inroads into Ichigaya Camp of the Japan Ground Self-Defense Force in Tokyo and, ten days later, committed suicide through disembowelment. Japan and Tokyo had made a giant leap in a short span of time after the war. However, everything had not been all roses as chaotic incidents often occurred.

昭和 40 年（1965 年）至昭和 45 年（1970 年）的东京，是许多地铁开通的时期。 从昭和 40 年（1965 年）的东西线开通以来，三田线于昭和 43 年（1968 年）开通，千代田线于昭和 44 年（1969 年）。如果从东京铁塔的瞭望台看一个又一个的车站，就像是地铁延伸到了东京铁塔的脚下，有了这些地铁的开通，东京市内出行更方便了。

这是一个到访东京塔的游客数量增加的时代，到昭和 41 年（1966 年），游客数量超过了 3000 万。 第二年也就是昭和 42 年（1967 年），应众多民众的呼声，在施工过程中被构造为工作台的地方变成了一个专用的观景台（250 米）并且开放了。

昭和 45 年（1970 年），日本第一家蜡像馆在东京塔的三楼开业。 这个蜡像馆成为东京塔的核心景观之一。

单看这一点，可以说是一个顺风顺水的时代，但是整个日本全国席卷起了反对越南战争，以及反对即将到来的昭和 45 年（1970 年）日米安保条约进行修订的运动。

特别是在日本各地以大学校园为舞台的学校斗争越发激烈，其中东京大学在周期长和参加人数多这方面占据优势。 昭和 44 年（1969 年），作家和政治活动家三岛由纪夫在人数众多的东京大学人文学院进行了全面的斗争讨论。次年，昭和 45 年（1970 年）11 月 15 日，三岛登上自卫队市谷驻扎地自杀身亡。在战后迅速发展的日本和东京，航行并不总是一帆风顺，经常会发生这种社会动荡。

昭和 40 年（1965 年）至昭和 45 年（1970 年）的東京，是許多地鐵開通的時期。從昭和 40 年(1965 年)的東西線開通以來，三田線於昭和 43 年(1968 年)開通，千代田線於昭和 44 年(1969 年)。如果從東京鐵塔的觀景台觀看一個又一個的車站，就像是地鐵延伸到了東京塔的腳下，有了這些地鐵的開通，東京市內出行更方便了。

這是一個到訪東京塔的遊客數量增加的時代，到昭和 41 年(1966 年)，遊客數量超過了 3000 萬。第二年也就是昭和 42 年(1967 年)，

應眾多民眾的呼聲，在施工過程中被構造為工作台的地方變成了一個專用的觀景台（250 米）並且開放了。

昭和 45 年（1970 年），日本第一家蠟像館在東京塔的三樓開業。這個蠟像館成為東京塔的核心景觀之一。

單從這一點上看，可以說是一個順風順水的時代，但是整個日本全國席捲起了反對越南戰爭，以及反對即將到來的昭和 45 年（1970 年）日米安保條約進行修訂的運動。

特別是在日本各地以大學校園為舞台的學校鬥爭越發激烈，其中東京大學在週期長和參加人數多這方面佔優勢。昭和 44 年(1969 年)，作家和政治活動家三島由紀夫在人數眾多的東京大學人文學院進行了全面的鬥爭討論。次年昭和 45 年（1970 年）11 月 15 日，三島登上自衛隊市谷駐紮地自殺身亡。在戰後迅速發展的日本和東京，航行並不總是一行風順，經常會發生這種社會動盪。

쇼와 40 년 (1965 년) 부터 쇼와 45 년 (1970 년) 에 걸쳐 도쿄에는 다수의 지하철이 개통됐다 . 쇼와 40 년 (1965 년) 의 도자이선 개통을 시작으로 , 쇼와 43 년 (1968 년) 에는 미타선 , 쇼와 44 년 (1969 년) 에는 지요다선이 개통된다 . 도쿄 타워 전망대에서 속속 생겨나는 역을 바라보면 , 마치 도쿄 타워의 발밑에서 차례로 지하철이 멀리 퍼져나가는 것처럼 보이기도 했다 . 이들 지하철의 개통으로 도쿄 도내에서의 이동은 더욱 편해지게 됐다 .

또한 , 이 시기에는 도쿄 타워를 찾는 관광객 수가 많이 늘어나 쇼와 41 년 (1966 년) 에는 방문객이 3,000 만 명을 돌파했다 . 다음 해인 쇼와 42 년 (1967 년) 에는 많은 사람의 요청에 따라 , 건설 시에 작업대로 만들었던 부분을 특별전망대 (250 미터) 로 바꾸어 오픈하기에 이르렀다 . 또한 , 쇼와 45 년 (1970 년) 에는 도쿄 타워의 3 층 부분에 일본 최초의 밀랍 인형관이 문을 열었다 . 이 밀랍 인형관은 이후 도쿄 타워의 인기 어트랙션 중 하나가 됐다 .

이것만 보면 모든 것이 원만하게 풀렸던 시대로도 보이지만 , 베트남 전쟁과 쇼와 45 년 (1970 년) 으로 다가온 미일 안보 조약 개정에 대한 반대 운동이 일본 전국에서 일어나기도 했다 .

특히 일본 각지의 대학 캠퍼스를 무대로 학원 투쟁이 격화됐고 , 도쿄 대학 점거는 긴 점거 기간과 많은 참가 인원으로 크게 눈에 띄었다 . 쇼와 44 년 (1969 년) 에는 가득 찬 도쿄 대학 교양 학부에서 , 작가이자 정치 활동가였던 미시마 유키오와 도쿄 대학 전학학생공동투쟁회의 간의 토론회가 개최된다 . 다음 해인 쇼와 45 년 (1970 년) 11 월 15 일 , 미시마 유키오는 자위대의 이치가야 주둔지에 뛰어들어 할복자살했다 . 세계대전 이후 단기간에 비약한 일본 및 도쿄이긴 하지만 , 반드시 무사태평하기만 했던 것은 아니며 , 이렇게 사회가 혼란에 빠지는 사건도 종종 일어나곤 했다 .

昭和40年（1965年）8月、浩宮殿下（現在の天皇陛下）が皇太子妃殿下（現在の上皇后陛下）とご一緒に来塔された。浩宮殿下は以降も複数回東京タワーに来塔された。

昭和40年（1965年）10月、東京タワー開業後、初の塗り替え作業が実施された。施工期間は約3ヶ月、のべ約3千6百人の職人たちが2万6千リットルの塗料を用いて、手作業で丁寧に塗り替えた。

tower.3　1965–1970

昭和43年（1968年）15年ぶりの東京での大雪の様子。東京タワーの社員も雪かきで忙しそうだ。東京タワーから眺める増上寺を見れば、相当な積雪であったことがわかる。

昭和43年（1968年）、開業10周年の年に世界各国から訪れたミス・インターナショナルらの様子。世界に誇れる東京の建造物として、東京タワーは最適のスポットだった。

tower.3 1965–1970

東京オリンピックが成功し、東京タワーは日本の復興の象徴として、世界中から注目される存在となった。4本の塔脚にイルミネーションが増設され、連夜点灯が始まったのもこの時代である。

上は1960年代から1970年代にかけて刊行された東京タワーの冊子『月刊東京タワー』のカット。右は、九州地区で開催された、東京タワーのガイドによる「新東京案内イベント」のフライヤー。当時の東京タワーおよび東京は、日本国中からの羨望を浴びていたことがわかる。下は昭和45年(1970年)に東京タワーのタワービル（現在のフットタウン）3階にオープンした蝋人形館の当時の展示物。左からガンジー、ケネディ、吉田茂の蝋人形。

Celebrity Customers

来塔した有名人

東京タワーへは、開業当初から現在まで、数多くの著名人、有名人が来塔しており、東京タワー史料室で多くの写真を発掘した。ここでは特に東京タワー開業間もない頃に訪れた有名人たちを紹介したい。

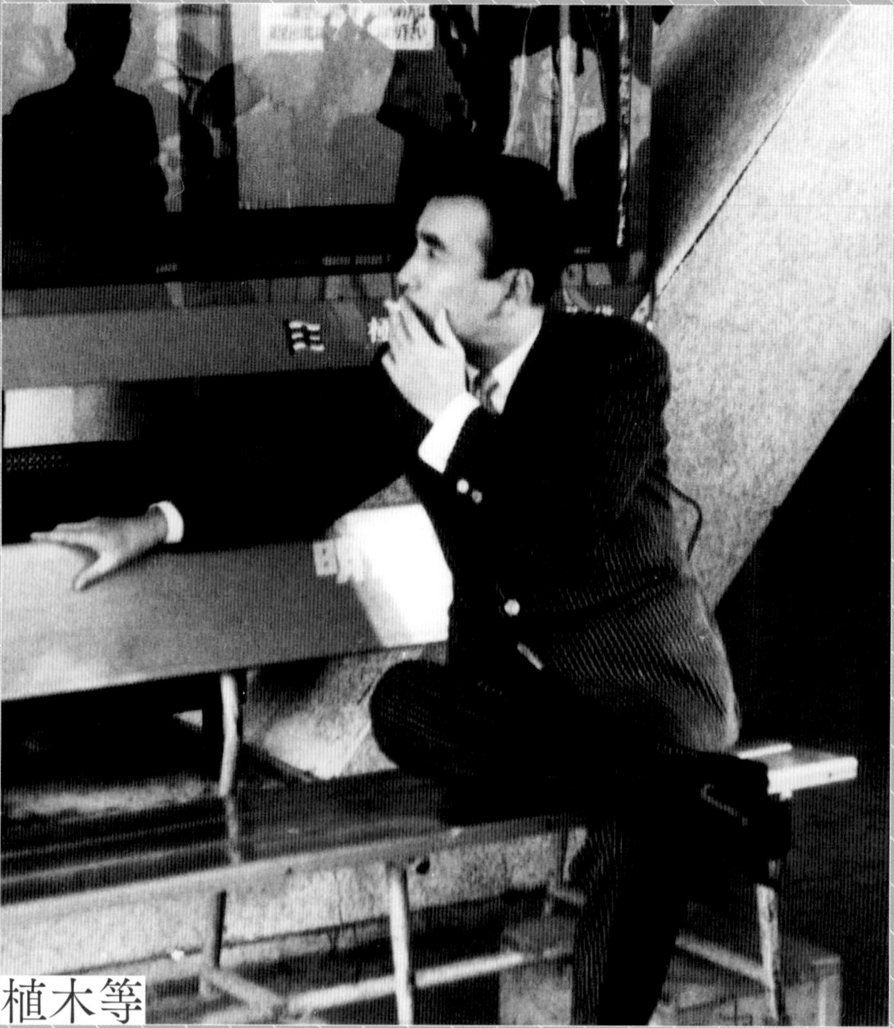

植木等

淡路恵子・佐田啓二

藤圭子

加山雄三

山下清

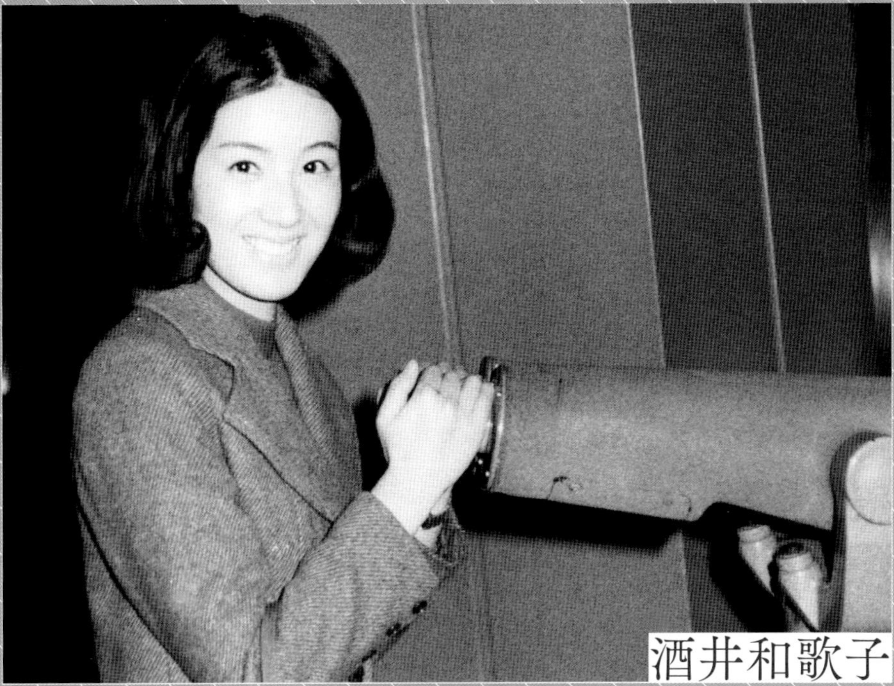

酒井和歌子

ザ・ピーナッツ

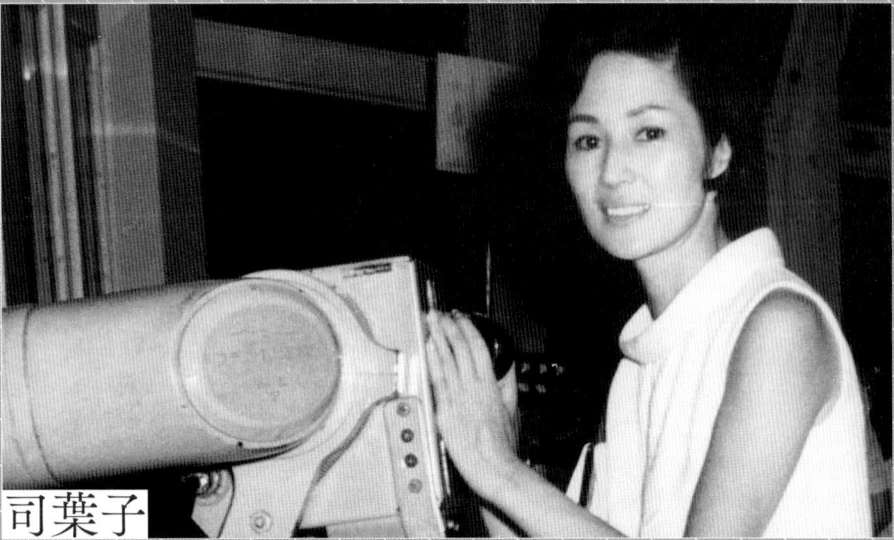

司葉子

ペギー葉山

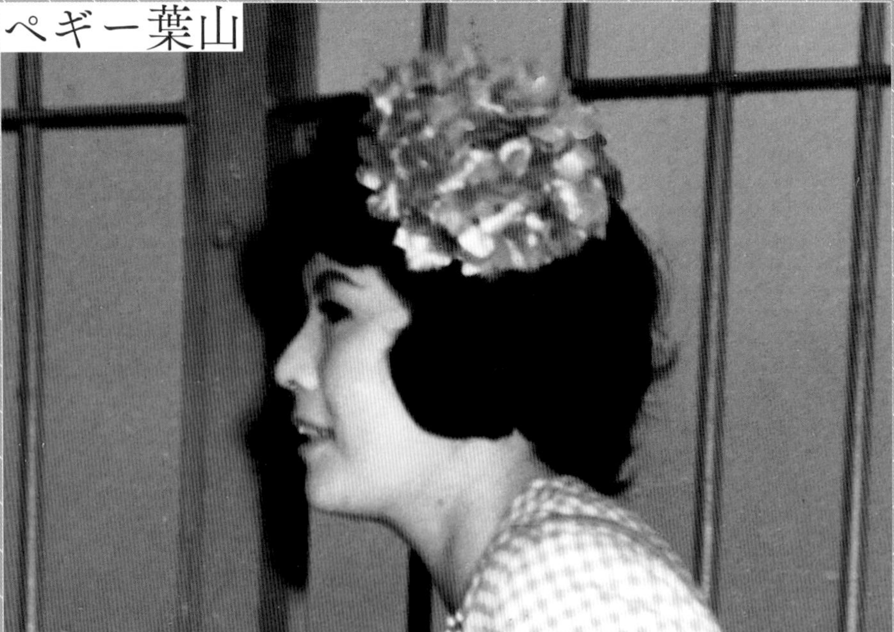

モハメド・アリ

tower.4

昭和46年〜昭和53年

1978

tower.4

1971－1978

昭和46年～昭和53年

東京の観光スポットとしての東京タワーの人気は、この時代にも衰えることなく、昭和46年（1971年）8月18日には、来訪者数がついに5千万人を突破。5千万人目となった来訪者は、都内に住む当時23歳の男子学生で、「自分が5千万人目になれないだろうか」と、来訪し見事に該当したという。5千万人目の記念品として、彼には冷蔵庫、カラーテレビ、旅行券、オートバイなどの豪華景品が贈られ、おおいに話題となった。

また、昭和48年（1973年）10月10日（体育の日）には、東京タワーの大展望台までの外階段を駆け上がる体力テストが開催され、以降恒例となった他、昭和52年（1977年）には「東京23区内で最も高い場所にある神社」としてタワー大神宮が創建。

さらに、昭和53年（1978年）には、世界初の観賞魚専門施設として、東京タワー水族館がオープンするなど、イベントや観光施設としての機能に、より注力した時代でもあった。

他方、この時代は、日本の高度経済成長はすでに縮小しており、特に昭和48年（1973年）に起きた第四次中東戦争をきっかけに原油価格が高騰したことで、消費行動が激減した時代でもあった。終戦後、初めてのマイナス成長を記録し、高度経済成長期は事実上の終焉に至った。

また、都営ギャンブル禁止によって後楽園競輪場が廃止されたほか、東京湾が生き物が暮らせない「死の海」と認定され、環境保全の取り組みが進んだのもこの頃。高度経済成長の影で起きた問題を、改めて見直していく必要に迫られた時代でもあった。

There was still no sign of slowing down for the popularity of TOKYO TOWER as a sightseeing spot in Tokyo during this period. On August 18, 1971, total visitor number reached 50 million. A 23-year-old student living in Tokyo visited TOKYO TOWER, firmly believing that he could be the 50 millionth, and marvelously had the honor. He received luxurious prizes such as refrigerator, color television, travel coupon and motorcycle.

Also, on October 10, 1973, which falled on a Japanese national holiday "Health-Sports Day", the first physical test was held in TOKYO TOWER, which had become a customary event since then. In this test, participants rushed up to Main Observatory through outside stairs. In 1977, Tower- dai-jingu (Tower Shrine) was established. This is the shrine located at the highest point in Tokyo 23 wards.

Moreover, TOKYO TOWER focused on establishing the function to hold events and increasing the attractiveness as a sightseeing facility. In 1978, TOKYO TOWER Aquarium was opened as the world's first facility which specialized in ornamental fish.

On the other hand, the growth of Japanese economy had already dwindled. The breakout of The Fourth Middle Eastern War in 1973 triggered the spike of oil price. It sharply weakened consumer activities. As Japan dipped into the minus growth for the first time after 1945, the period of high economic growth practically brought to an end.

Also, due to the ban of municipal gambling in Tokyo, Korakuen Keirin (bicycle racing) Racetrack ceased its service. Moreover, since Tokyo Bay was referred to as "dying sea" where creatures could not live, the effort to conserve the environment had been promoted. Japanese people were forced to review the problems which had occurred in the shadows of high economic growth.

在那个时代，东京塔作为东京观光胜地的受欢迎程度并没有因此而减少，到昭和 46 年（1971 年）8 月 18 日，游客人数终于超过了 5000 万。据说刚好第 5000 万个人完美采访了当时住在东京市内的 23 岁男学生，"你认为自己能成为第 5000 万个人吗？"。作为第 5000 万个的纪念品，他获得了冰箱、彩电、旅行票和电单车等豪华奖品，并且成为一个热门话题。

同样，在昭和 48 年（1973 年）10 月 10 日（体育日），举行了从外部楼梯上到东京塔观景台的体能测试，除了至此以后成了一项惯例以外，在昭和 52 年（1977 年）塔大神宫被创立为"东京 23 区最高的神社"。

除此之外，在昭和 53 年（1978 年），东京塔水族馆作为世界上第一个专门观赏鱼类的观光设施开业，在那个时候人们开始将关注点放在活动和旅游设施上。

另一方面，在这个时代日本的高速经济增长已经在收缩，特别是由于昭和 48 年（1973 年）第四次中东战争引发的油价飞涨，变成一个消费行为急剧下降的时代。战争结束后出现了首次负增长，经济高速增长时期实际上结束了。

由于禁止在大城市赌博，后乐园自行车赛道被废除了，东京湾被公认为是"死海"，没有活物可以生存。这个时候环保措施得以推进，有必要重新审视经济快速增长带来的问题。

在那個時代，東京塔作為東京觀光勝地的受歡迎程度並沒有因此而減少，到昭和 46 年（1971 年）8 月 18 日，遊客人數終於超過了 5000 萬。據說剛好第 5000 萬名完美參訪了當時住在東京市內的 23 歲男學生，"妳認為自己能成為第 5000 萬個人嗎？"。作為第 5000 萬名的紀念品，他獲得了冰箱、彩電、旅行票和電單車等豪華獎品，並且成為一個熱門話題。

同樣在昭和 48 年（1973 年）10 月 10 日（體育日），舉行了從外部樓梯上到東京塔觀景台的體能測試，除了至此以後成了一項慣例以外，在昭和 52 年（1977 年）塔大神宮被創立為"東京 23 區最高的神社"。

除此之外，在昭和 53 年（1978 年），東京塔水族館作為世界上第一個專門觀賞魚類的觀光設施開業，在那個時候人們開始將關注點放在活動和旅遊設施上。

另一方面，在這個時代日本高速經濟增長已經在收縮，特別是由於昭和 48 年（1973 年）第四次中東戰爭引發的油價飆升，變成一個消費行為急遽下降的時代。戰爭結束後出現了首次負增長，經濟高速增長時期實際上結束了。

由於禁止在大城市賭博，後樂園自行車賽道被廢除了，東京灣被共認為是"死海"，沒有活物可以生存，這個時候環境措施得以推進，有必要重新審視經濟快遞增長帶來的問題。

도쿄의 관광 명소로서 도쿄 타워의 인기는 이 시대에도 식지 않았고, 쇼와 46 년 (1971 년) 8 월 18 일에는 방문객이 마침내 5,000 만 명을 돌파했다. 5,000 만 명째가 된 방문객은 도내에 사는 당시 23 세의 남학생으로, ' 내가 5,000 만 명째가 되지는 않을까 ' 하는 생각으로 도쿄 타워를 찾았다고 한다. 5,000 만 명째 방문 기념품으로 그는 냉장고, 컬러 텔레비전, 여행권, 오토바이 등 호화 경품을 받아 크게 화제가 됐다.

또한, 쇼와 48 년 (1973 년) 10 월 10 일 (체육의 날) 에는 도쿄 타워의 대전망대까지의 외부 계단을 뛰어오르는 체력장이 개최됐고, 이후 정기 행사가 됐다. 그 밖에 쇼와 52 년 (1977 년) 에는 ' 도쿄 23 구 내에서 가장 높은 곳에 있는 신사 ' 로서 타워 대신궁이 창건됐다.

또한, 쇼와 53 년 (1978 년) 에는 세계 최초의 관상어 전문 시설로서 도쿄 타워 수족관이 문을 여는 등 이벤트와 관광 시설로서의 기능에 더욱 주력한 시대이기도 했다.

한편, 이 시대로 접어들며 일본의 고도 경제 성장은 이미 축소되고 있었으며, 특히 쇼와 48 년 (1973 년) 에 일어난 욤 키푸르 전쟁을 계기로 유가가 급등하면서 소비 행동이 격감한 시대이기도 했다. 세계대전 이후 첫 마이너스 성장을 기록했으며, 고도 경제 성장기는 사실상 종식에 이르렀다.

또한, 도영 도박 금지에 따라 고라쿠엔 경륜장이 폐지됐고, 도쿄만이 생물이 살 수 없는 ' 죽음의 바다 ' 로 인정되어 환경 보전의 대처가 진행된 것도 이 무렵이다. 고도 경제 성장의 그림자에서 일어난 문제를 하나하나 재검토해야 할 필요성이 대두된 시대이기도 했다.

tower.4 1971−1978

昭和47年（1972年）、エジプトから“逆立ち名人”アイブラハム・ラマハ氏が来訪。テレビ中継のため、大展望台（現在のメインデッキ）より高い場所で逆立ちをするなど、色々なポーズをとった。ラマハ氏は「逆立ちした場所に安全ネットが張ってあったり、命綱をつけさせられたのでやりにくかった。あんなものは邪魔」と語ったというが、以降は安全面から、このような企画は実施されていない。

tower.4　1971－1978

上は昭和46年（1971年）の5千万人目の来塔者の様子。ミニバイクなどの記念品が送られた。下は同年に行われた大展望台（現在のメインデッキ）でのFM東京の公開放送の様子。

上は、昭和48年（1973年）のオイルショックでトイレットペーパーなどを奪い合うように購入する市民の様子。高度経済成長は事実上終焉を迎えた。下は、経済成長優先で環境問題は後手になっていた東京の大気汚染の様子を視察のために訪れたOECD環境衛生委員会。東京タワーに設置された大気汚染測定装置などを見学した。

tower.4　1971−1978

左は1970年代の東京タワーのパンフレットに描かれた東京湾方面。上は東京湾側から見た東京タワーの様子。綺麗な景色だが、環境汚染が取り沙汰されたのは大気だけでなく、東京湾も同じだった。1970年代は一時“死の海”とさえ呼ばれたが、後に環境が改善し、豊かな生態系に戻った。

上は昭和48年（1973年）高まったモータリゼーションに対応するため、東京タワーの240メートル付近に設置された警察庁の交通管制用カメラ。カメラに写る交通状況がリアルタイムで送られ、警察庁が把握できる仕組み。下は昭和52年（1977年）大展望台（現在のメインデッキ）でのタワー大神宮の創建の様子。タワー大神宮は東京23区内で最も高い場所に位置する神社となった。

tower.5

昭和54年～昭和61年

1979

1986

tower.5

1979−1986

昭和54年〜昭和61年

1970年代後半から1980年代前半にかけては、日本の娯楽や観光産業が大きく変わった時代である。

前後するが、昭和53年（1978年）に登場したインベーダーゲームは、ビデオゲームの原点とも言うべき構造を持ち若者を中心に一大ブームを巻き起こし東京はもちろん、全国各地にゲームセンターがオープンするきっかけを作った。ただし、こういった遊技場が少年非行や犯罪の温床になるケースもあり、昭和60年（1985年）に施行された改正風俗営業法により法規制が設けられ、ブームは沈静していった。

また、昭和58年（1983年）登場の家庭用ビデオゲーム機・ファミリーコンピュータは、高機能でありながら1万4千8百円という低価格と、マリオブラザーズなどのソフトによって、日本はもちろん世界中に人気が飛び火した。さらに、同年は東京ディズニーランドが開業し、大きな観光スポットの一つとなり、今日まで絶大な支持を得続けている。

こういった新しい娯楽や観光が続々と登場した時代だが、一方の東京タワーに目をうつせば、昭和61年（1986年）に大きな衣替えをしている。航空法が改正されたことから、オレンジ色と白色の塗り分けをそれまでの11等分から7等分へと変更。東京タワーのインパクトはより強いものになった。

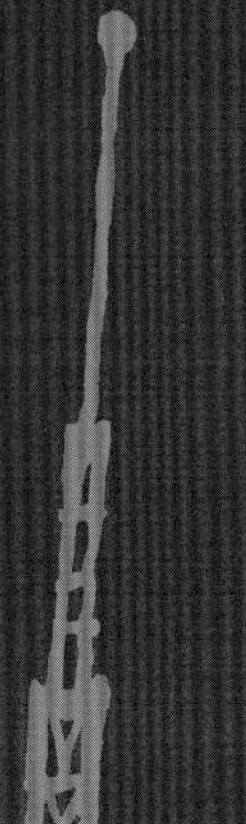

Between the late 1970s and early 1980s, entertainment and tourism industries had been greatly transformed.

In 1978, Invader Game hit the street. The game, thought to be the origin of video game, created a bust boom among the young people. It led to the opening of many game parlors in Tokyo and throughout Japan. However, this kind of recreation hall often became a hotbed of juvenile delinquency and crime. After the revised Adult Entertainment Businesses Law entered into force in 1985, this boom calmed down.

In 1985, Family Computer hit the store. The video game console for home use grew in popularity not only in Japan but also all over the world thanks to its advanced technology, low price (sold at JPY 14,800) and popular game software such as Mario Brothers. Also in the same year, Tokyo DisneyLand was opened, which has been one of the most popular sightseeing spots and gaining a huge following.

Amid the emergence of a new style of entertainment and sightseeing, TOKYO TOWER completed a big renewal in 1986. Followed by the revision of Civil Aeronautics Act, the equally divided color coding consisting of international orange and white was changed from 11 parts to 7 parts. It enhanced the impact of TOKYO TOWER.

在 70 年代末和 80 年代初，日本的娱乐和旅游业发生了巨大变化。

昭和 53 年（1978 年）左右登场的入侵者游戏，其结构可以说是视频游戏的起点，在以年轻人为中心掀起了巨大反响的东京不用说，乃至成为全游戏中心开业的契机。但是在某些情况下，此类游戏厅已成为年轻人不良行为和违法犯罪的温床，并且由于昭和 60 年（1985 年）实施的修改风俗营业法中规定的法律和法规，这种繁荣消退了。

此外，昭和 58 年（1983 年）问世的家庭视频游戏机超级任天堂以 14800 日元的低价格提供了高性能，以马里奥兄弟等软件在日本和世界各地受到广泛欢迎。同年东京迪斯尼乐园开业，并成为主要的旅游景点之一，直至今天依然广受好评。

这样一个新的娱乐和观光活动相继出现的时代到来了，在人们单向关注东京的时候，昭和 61 年（1986 年）发生了巨大变化。由于航空法的修订，橙色和白色的配色方案已从 11 等份更改为 7 等份。东京塔的影响力越来越大。

在 70 年代末 80 年代，日本的娛樂和旅遊業發生了巨大變化。

昭和 53 年（1978 年）左右登場的入侵者遊戲，其結構可以說是視頻遊戲的起點，在以年輕人為中心掀起了巨大反響的東京不用說，乃至成為全國遊戲中心開業的契機。但是在某些情況下，此遊戲廳已成為年輕人不良行為和違法犯罪的溫床，並且由於昭和 60 年（1985 年）實施的修改風俗營業法中規定的法律和法規，這種繁榮消退了。

此外，昭和 58 年（1983 年）問世惡家庭視頻遊戲機超級任天堂以 14800 日圓的低價提供了高性能，以馬里奧兄弟等軟件在日本和世界各地受到廣泛歡迎。同年東京迪斯尼樂園開業，並成為主要的旅遊景點之一，直到今天仍然廣受好評。

這樣一個新的娛樂和觀光活動相繼出現的時代到來了，在熱門單方面關注東京的時候，昭和 61 年（1986 年）發生了巨大變化。由於航空法的修訂，橙色和白色的配色方案以從 11 等份更改為 7 等份。東京塔的影響力越來越大了。

1970 년대 후반부터 1980 년대 전반에 걸쳐서는 일본의 오락과 관광 산업이 크게 바뀌는 시대다.

쇼와 53 년 (1978 년) 에 등장한 인베이더 게임은 비디오 게임의 원점이라고도 할 수 있는 구조를 선보였고, 젊은이를 중심으로 일대 붐을 일으켜 도쿄는 물론 전국 각지에 게임 센터가 문을 여는 계기를 마련했다. 다만 이런 오락 시설이 소년 비행과 범죄의 온상이 되는 일도 있었기에, 쇼와 60 년 (1985 년) 에 시행된 개정 풍속영업법에 따른 법 규제가 시행되며 붐은 진정되기 이르렀다.

또한, 쇼와 58 년 (1983 년) 에 등장한 가정용 비디오게임기 패밀리 컴퓨터는 뛰어난 기능을 갖추었음에도 14,800 엔이라는 낮은 가격, 거기에 마리오 브라더스 등의 소프트를 통해 일본은 물론 전 세계로 인기가 퍼져나갔다. 더욱이 그해에는 도쿄 디즈니랜드가 개업하며 대형 관광지 중 하나로 오늘날까지 절대적인 지지를 얻게 된다.

이런 새로운 오락과 관광이 속속 등장한 시대이지만, 도쿄 타워로 눈을 돌리면 쇼와 61 년 (1986 년) 에 크게 탈바꿈을 하게 됐다. 항공법이 개정되면서 오렌지색과 흰색의 타워 색상이 기존의 11 등분에서 7 등분으로 변경된 것이다. 이로 인하여 도쿄 타워의 임팩트는 더욱 강해지게 됐다.

上は昭和58年(1983年)、東京タワーの開業25周年を祝うイベントの様子。多くの来塔者が見守る中、社長の前田久吉がくす玉を割った。下は同時代のクリスマスイベントの様子。従来の電波塔として、あるいは観光施設としての役割だけでなく、こういった大小のイベントを企画、誘致することが特に増えていったのもこの時代の特徴である。

1970年代から1980年代にかけて続々と建設された新宿の高層ビル群。東京の新しいビジネスの場として注目されたが、その様子をまるで静観するように、後方に東京タワーが建っている。

tower.5　1979–1986

コンピュータ技術の進歩により、娯楽や情報伝達技術も大きく変わった時代。上は昭和54年（1979年）に社会現象にもなったゲームセンターの様子。左下はそれから4年後の昭和58年（1983年）登場のファミリーコンピュータ。右下は昭和60年（1985年）、電電公社の民営化と合わせて登場したNTTによる初の携帯電話、ショルダーホン。重量は約3キロだった。

昭和61年（1986年）、大展望台（現在のメインデッキ）より上部の黄赤色と白色の塗り分けを11等分から7等分へ変更。さらに、後の平成8年（1996年）には、大展望台の外壁が白となり（右）、開業当初とは印象が大きく変わった。

Ticket Collection

チケットコレクション

東京タワーの展望券は、開業当初から手の込んだ意匠が用いられてきた。いずれの展望券も、時代の空気が熱く伝わってくる。

東京タワー史料室で保管されている開業間もない頃の展望券のカンプ。当時は1枚1枚デザイナーが描き、それを元に採用・不採用を決めていたようだ。

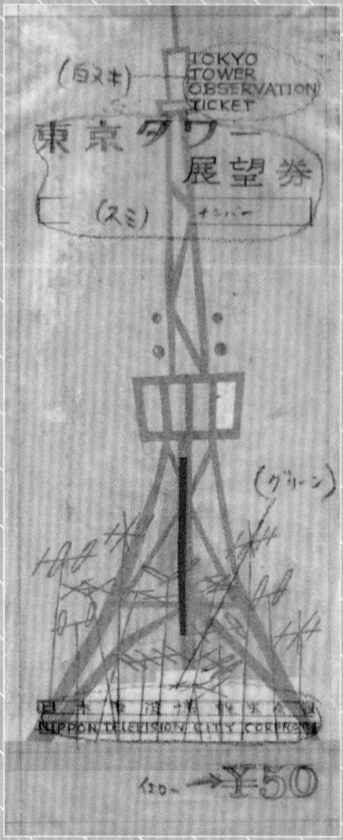

カラフルな意匠が多かった1950年代から1960年代。昭和42年(1967年)に特別展望台(現在のトップデッキ)がオープンするまでは“展望券”の表記で統一されていた。

’50—’60

’70

1970年代の展望券を並べてみると、開業当初に比べて、あえてグラフィカルな要素、色数などが抑えられていることがわかる。また、1960年代後半～1970年代前半までの展望券は、東京タワーを手書きで表現したデザインや足下から見上げた東京タワーのイラスト等、前時代に比べシンプルな意匠が採用された。

’80

下の図版にはないが、1980年代前半は1970年代からの意匠を踏襲。昭和58年（1983年）より、銀や金の地色に、まるでポップアートのような東京タワーのシルエットが描かれた展望券に様変わり。昭和63年（1988年）に東京タワーのロゴが改訂されてからは、シンプルでありながら高級感あるデザインを打ち出した。

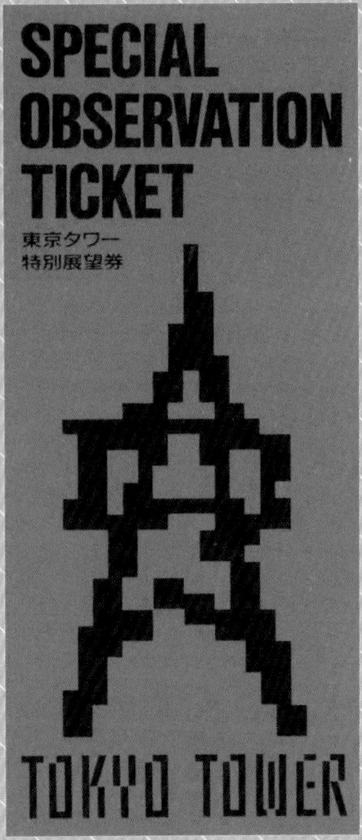

’90

1990年代に入ると、展望券のデザインはよりシンプルで厳かな印象のものが増えていく。その一方、東京タワーそのもののインパクトや、美しいイルミネーションを印象付ける写真が用いられることが多いのもこの時代の特徴だ。来塔者の高揚感をさらにアップさせる工夫がなされているように映る。

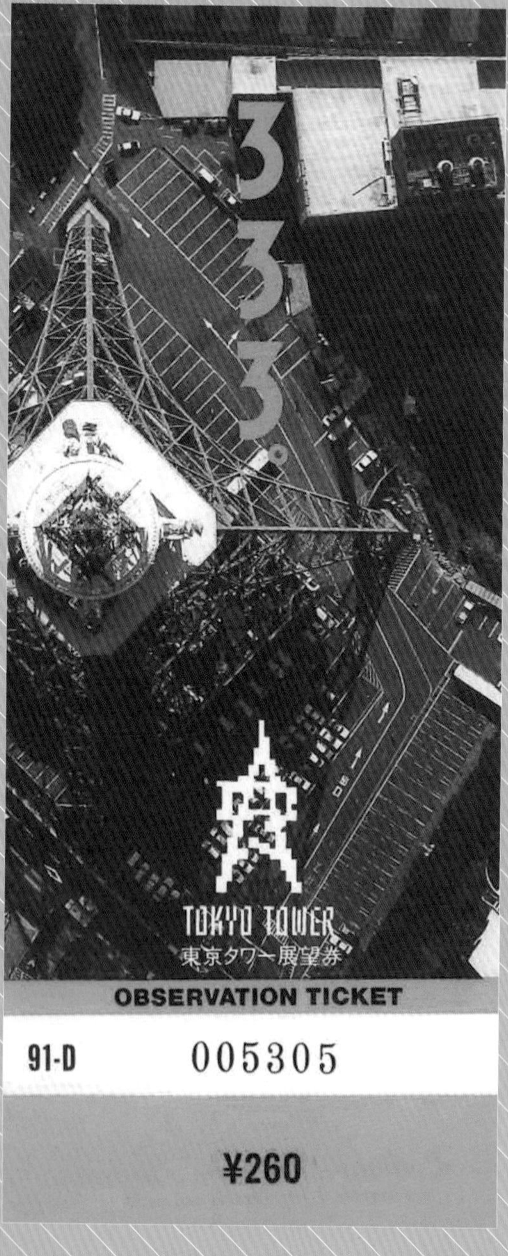

’00 – ’20

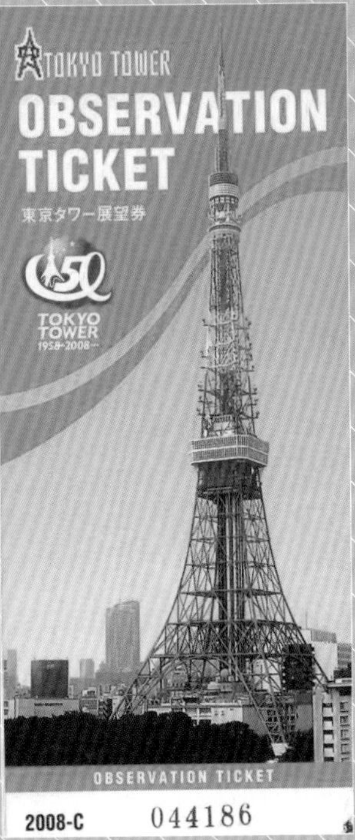

2000年代から2010年代にかけては大展望台チケットを昼の東京タワー、特別展望台チケットを夕景の東京タワーとし、シンプルでわかりやすいデザインに。平成31年（2018年）に大展望台が“メインデッキ”の名称に変わった際は、リニューアルのイメージに合わせチケットにもアート的要素が加えられた。また、令和元年（2019年）には、天皇陛下の御即位を記念した限定展望券も登場。この展望券目当ての来塔者も多かった。

tower.6

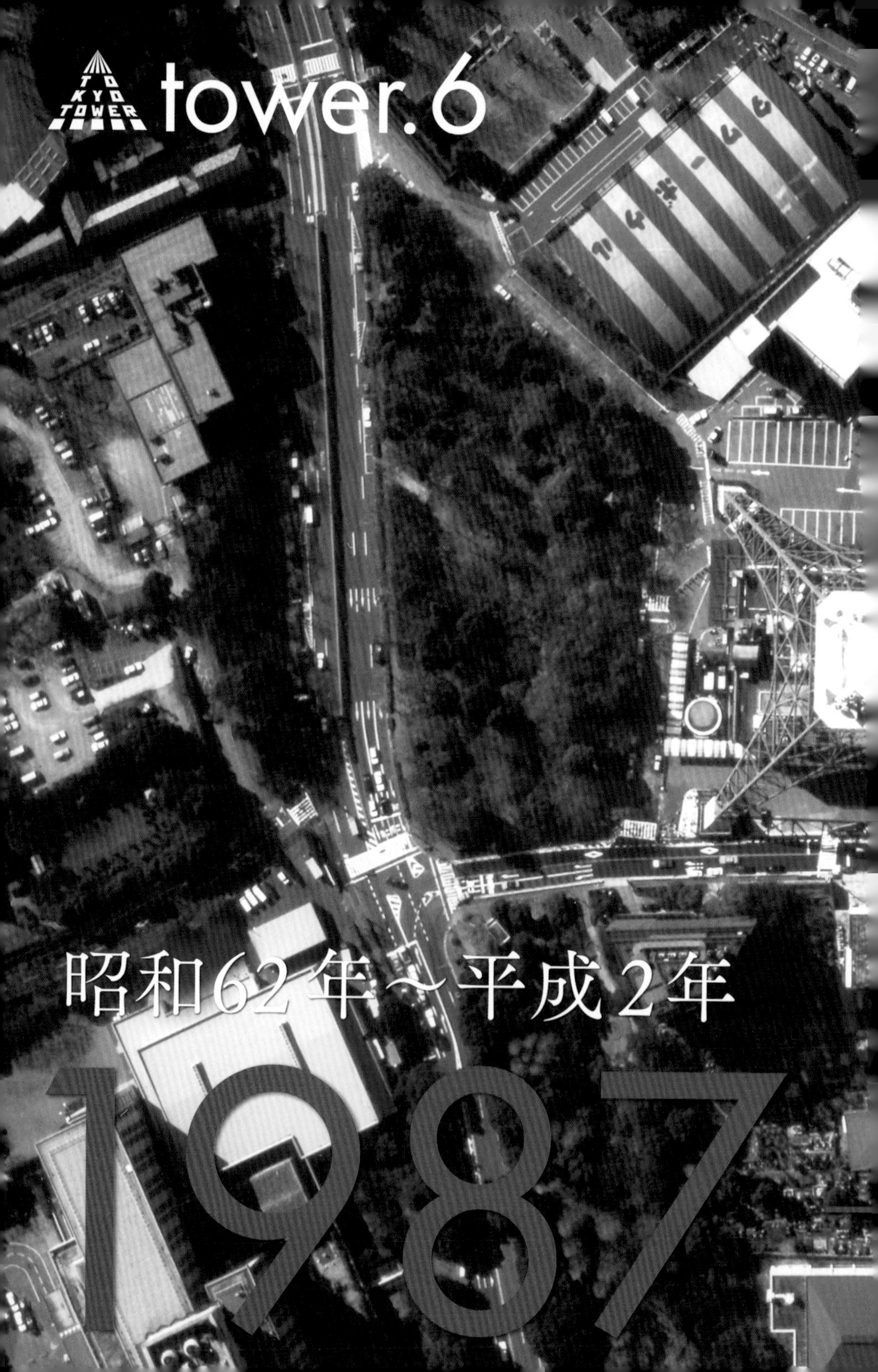

昭和62年〜平成2年

1987

1990

tower.6

1987－1990

昭和62年～平成2年

1980年代後半に差し掛かると、東京を中心に日本全国の資産価格が異常な上昇を見せ、特に地価高騰が顕著となった。一時、東京都の山手線内側の土地総額だけで、アメリカ全土が買えるといった算出結果も出るほどで、日本中がバブル景気に沸いた時代だった。また、昭和62年（1987年）10月に起こった世界同時株安（ブラックマンデー）の際は、世界で最初に脱出した日本株に対する信任が起き、投機が相次いだ。

一連のバブル景気の最中の昭和64年（1989年）1月7日には昭和天皇が崩御。第二次世界大戦の前から日本が復興するまで、60年余りにわたって在位し、継体天皇以降の歴代天皇の中では在位期間が最も長く、また最も長寿だった。昭和天皇崩御の後、元号は昭和から平成へと変わり、日本は新時代へと突入することとなった。

また同年4月からは消費税法が施行され、日本初の付加価値税として、経済は一時混乱。また、かねてからの地価高騰に対し、平成2年（1990年）3月には政府より「土地関連融資の抑制について」（総量規制）が通達された。このことから、金融業界への引き締めをきっかけとし後に著しい景気後退、信用収縮が起こり、平成3年（1991年）頃からバブル景気の崩壊が始まった。

戦後の歴史上、激しく変わった時代だったが、東京タワーでは、平成元年（1989年）より、照明デザイナーの石井幹子氏によるライトアップがスタート。「貴婦人が裳裾《もすそ》を広げたような、美しい構造を見せる」よう、タワーの鉄骨の内側に投光器を取り付けるという斬新なもので、東京タワーの存在感をさらに飛躍させた。以降、このライトアップは「東京の夜景を変えた」と言わしめ、東京タワーの夜間展望人員も大きく増加した。

In the late 1980s, Japan had enjoyed a bubble economy. Land price and other asset prices in Tokyo and throughout Japan skyrocketed. Even some estimations showed that one could buy the entire United States at the total land price of the inner side of Yamanote Line, a loop railway line running in the center of Tokyo. Meanwhile, after the global stock selloff called "Black Monday" happened in October 1987, Japan became the first country in the world to successfully make an escape from the confusion in the wake of it. Since it gave Japanese market confidence, a flurry of speculations fled into Japan.

Amid the bubble economy, the Emperor passed away on January 7, 1989. He had had the longest reigning period and longevity of all emperors after Emperor Keitai, the emperor reigning in the sixth century. The Emperor Showa had reigned for over six decades spanning from the days of pre-World War II to the revival of Japan. Following the demise, Japan entered a new era as Japanese era name was changed from Showa to Heisei.

Also, in April 1989, Consumption Tax Act entered into force. The first value-added tax in Japan temporarily confused Japanese economy. Moreover, it was in March 1990 that Japanese government issued a circular notice regarding the regulation on land-related financing in order to take measures against the soaring land prices. It triggered the crunch for the finance industry, significant recession and credit contraction and followed a bubble economy bust starting in 1991.

In the period of the drastic change in post-war history, Mikiko Ishii, a globally famed lighting designer, produced new lighting-up of TOKYO TOWER in 1989. The unconventional lighting-up enhanced the presence as alley lights were installed inside steel arch of TOKYO TOWER so that it could provide "a beautiful structure as if the lady spreads a hemline". This lighting-up has been led to say "it changed the night landscape in Tokyo" and contributed to the huge increase of night time visitors.

在 80 年代后期，整个日本尤其是东京的资产价格异常上涨，土地价格飞涨。 曾经有一次计算得出，仅用东京山手线内的全部土地就可以购买整个美国，这就是整个日本的泡沫经济时代。此外，昭和 62 年（1987 年）10 月出现全球股票价格下跌时（黑色星期一），人们对日本股票的信心发生了变化，日本人的股票在世界上排名第一。人们对世界上第一个脱身而出的日本股票产生了信心，并且接二连三进行投股。

泡沫经济时期，昭和天皇于昭和 64 年（1989 年）1 月 7 日驾崩。第二次世界大战前到日本重建复兴后，他在位 60 多年，是自继体天皇以来任期最长、寿命最长的天皇。昭和天皇驾崩后，年号也从昭和变为平成，日本进入了一个全新的时代。

同年 4 月消费税法生效，日本有了第一笔增值税，经济暂时出现了动荡。 平成 2 年（1990 年）3 月，政府针对土地价格飞涨发布了“土地相关融资限制”（总量管制）。这导致金融业紧缩，随后出现严重的衰退和信贷紧缩，平成 3 年（1991 年）泡沫经济开始破灭。

1989 年照明设计师石井干子（Motoko Ishii）开始给东京塔(Tokyo Tower）做灯饰设计，尽管那是战后历史上的巨大变化。在塔的铁质框架内安装泛光灯的一种新颖方法是“显示出像女士散开裙子一样美丽的结构”，从而进一步增加了东京铁塔的存在感。 从那以后，这种灯饰被认为是改变了东京的夜景，东京塔的夜景游客人数量也大大增加。

在 80 年代後期，整個日本尤其是東京的資產價格異常上漲，土地價格飛漲，曾經有一次計算得出，僅用東京山手線的全部土地就可以購買到整個美國，這就是 整個日本的泡沫經濟時代。此外，昭和 62 年（1987 年）10 月出現全球股票價格下跌時（黑色星期一），人民對日本股票的信心發生了變化，日本人的股票在世界上排名第一。人們對世界上第一個脫身而出的日本股票產生了信心，並且接二連三進行投股。

泡沫經濟時代，昭和天皇於昭和 64 年（1989 年）1 月 7 日逝去，第二次世界大戰前到日本重建復興後，他在位 60 多年，是自繼體天皇以來任期最長、壽命最長的天皇。昭和天皇逝去後，年號也從昭和變成平成，日本進入一個全新的時代。

同年 4 月消費稅法生效，日本有了第一筆增值稅，經濟暫時出現了動盪。平成 2 年（1990 年）3 月，政府針對土地價格飛漲發佈了“土地相關融資限制”（總量管制）。這導致金融業緊縮，隨後出現嚴重的衰退和信貸緊縮，平成 3 年（1991 年）泡沫經濟開始破滅。

1989 年照明設計師石井幹子（Motoko Ishii）開始給東京塔(Tokyo Tower）做燈飾設計，儘管那是戰後歷史上巨大的變化。在塔的鐵製框架內安裝泛光燈的一種新穎方法是“顯示出像女士散開裙子一樣美麗的結構”，從而進一步增加了東京鐵塔的存在感。從那以後，這種燈飾被認為是改變了東京的夜景，東京塔的夜景遊客人數也大大增加。

1980 년대 후반에 들어서자 도쿄를 중심으로 일본 전국의 자산 가격이 비정상적인 상승을 보였으며, 특히 지가 급등이 현저해지게 됐다. 한때 도쿄의 야마노테선 안쪽의 토지 총액만으로도 미국 전역을 살 수 있다는 산출 결과도 나올 정도로 일본 전체가 버블 경기로 들끓던 시절이었다. 또한, 쇼와 62 년 (1987 년) 10 월에 일어난 세계 증시 하락 (블랙 먼데이) 때는 전 세계에서 가장 먼저 탈출한 일본 주식에 대한 신임이 일어나며 투기가 잇따랐다.

일련의 버블 경기가 한창이던 쇼와 64 년 (1989 년) 1 월 7 일에는 쇼와 천황이 승하했다. 제 2 차 세계대전 이전부터 일본이 부흥할 때까지 60 여년에 걸쳐서 재위하고, 게이타이 천황 이후 역대 천황 가운데 가장 긴 재위 기간인 데다가 가장 장수한 천황이었다. 쇼와 천황의 승하 이후 연호는 쇼와에서 헤이세이로 바뀌었고, 일본은 새로운 시대로 돌입하게 됐다.

또한, 그해 4 월부터는 소비세법이 시행되어 일본 최초의 부가 가치세로 인하여 경제는 일시 혼란에 빠지게 된다. 또한, 계속되던 지가 급등에 대하여 헤이세이 2 년 (1990 년) 3 월에는 정부가 '토지 관련 대출 억제에 대하여 '(총량 규제)를 시행하게 됐다. 이로 인하여 금융 업계에 긴축 재정이 일어났고, 이후 현저한 경기 후퇴, 신용 경색이 일어나 헤이세이 3 년 (1991 년) 부터 버블 경제 붕괴가 시작됐다.

세계대전 이후의 역사상 가장 격한 변화를 거친 시대였지만, 도쿄 타워에서는 헤이세이 원년 (1989 년) 부터 조명 디자이너인 이시이 모토코 씨의 라이트업이 시작됐다. '귀부인이 치맛자락을 펼친 듯한 아름다운 구조를 선보일' 수 있도록, 타워의 철골 내측에 투광기를 설치한다는 참신한 방식을 통해 도쿄 타워의 존재감을 한층 더 비약시켰다. 이후 이 라이트업은 '도쿄의 야경을 바꿨다' 고 일컬어지며 도쿄 타워의 야간 전망대 방문 인원도 크게 증가했다.

上は昭和63年（1988年）の開業30周年イベント。多くの子どもたちで賑わった。下は同時期に変わった女性スタッフのユニフォーム。いつの時代も流行を取り入れたデザインだった。

上は、平成元年（1989年）7月に来塔者数が1億人を突破した際のスナップ。開業から31年目、ついに展望人員が大台に乗った。一方、日本全体を振り返れば、同時代の日本経済は混沌とした状況でもあった。下は、昭和62年（1987年）のブラックマンデーの際の写真。右は平成元年（1989年）4月、消費税が初めて導入された際の写真。いずれもバブル崩壊前夜のものである。

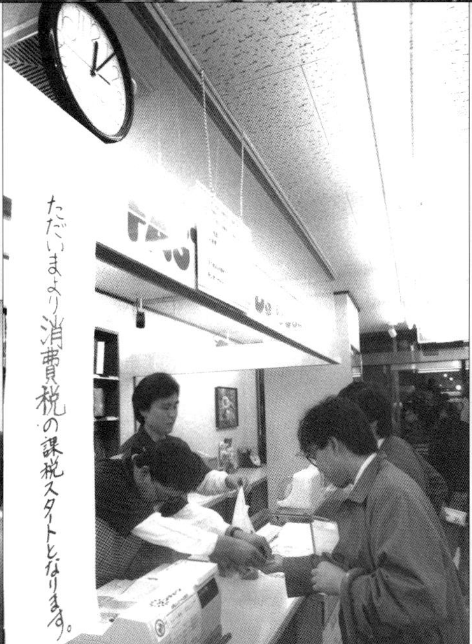

tower.6 1987—1990

この時代一番のニュースは、言うに及ばず昭和64年（1989年）1月7日の昭和天皇の崩御である。翌8日には雨が降る中、多くの人たちが皇居へと記帳に訪れただけでなく、弔意によってイベントなどが慎まれた。また、昭和天皇の崩御により、皇太子明仁親王が第125代天皇に即位。新元号となった平成時代へと突入していくことになる。

tower.7

平成3年～平成8年

1991

1996

tower.7

1991－1996

平成3年〜平成8年

バブル景気が崩壊した日本だったが、平成3年（1991年）には成田エクスプレスが開通したほか、平成5年（1993年）には東京の芝浦とお台場とを結ぶレインボーブリッジが完成。これまで以上に外国人旅行者の東京へのアクセスが容易となった。

こういったニーズを意識してか、平成6年（1994年）、東京タワーでは東京タワートリックアートギャラリーが開店。言葉の壁を超える楽しみを提案し、東京タワーそのものも新しい試みに取り組もうとしていた。また、平成7年（1995年）には1億2千万人目の来場者が訪れ、おおいに話題になった年でもあった。

他方、この時代の東京および日本は必ずしも明るい話題ばかりではなかった。同年には日本全国を震撼させる地下鉄サリン事件が東京の地下鉄車内で連続発生。死者13名、負傷者5千8百名以上という甚大な被害をもたらし、社会全体が混乱する事態にも陥った。

他方、コンピュータ技術の進化と、それに伴う商品が続々と出始めたのもこの時代の特徴だ。平成8年（1996年）にはゲームボーイソフトのポケットモンスターが爆発的なヒットとなった他、キーチェーンゲーム・たまごっちなども社会現象になるほどのブームとなった。

また、日本国内におけるインターネットもこの時代から浸透し始め、後の一般化に先立って日本最大級となるポータルサイト、Yahoo!JAPANも同年4月よりサービスをスタートさせている。

様々な事象が多く、大半の日本人にとっては、まだまだ未来像が予想できなかったが、目まぐるしく生まれ変わり始めたこの時代も、やはり東京タワーが人々を優しく見守っていたように思える。

Although the bubble economy boom had already been busted, inbound accessibility to Tokyo had enhanced. In 1991, East Japan Railway Company (JR East) started the service of Narita Express between New Tokyo International Airport (Narita Airport) and Tokyo. In 1993, Rainbow Bridge was opened between Shibaura area and Odaiba waterfront area of Tokyo.

In consideration of these needs, TOKYO TOWER started to attempt novelty by proposing pleasures which could transcend the border of languages. It included the opening of TOKYO TOWER Trick Art Gallery in 1994. Also, TOKYO TOWER made the headlines in 1995 when it welcomed 120 millionth visitor.

On the other hand, every topic in Tokyo and Japan was not on a positive note. In 1995, a series of sarin nerve-gas attacks on the Tokyo subway system occurred. It sent shockwaves and confusions to the entire nation and wreaked enormous damage as it cost 13 lives and injured more than 5,800 people.

Meanwhile, this period was marked as the times of advancement of computer technology and emergence of the related goods. Pocket Monster, which debuted in 1996 as game software for portable game console Game Boy, became a mega hit. Keychain game Tamagotchi became a social phenomenon.

Also, the Internet began to diffuse in Japan. Yahoo!JAPAN, currently the largest portal site in Japan, started the service in April 1996 prior to the commercialization.

Most Japanese were faced with so many events, incidents and phenomena that they had difficulty envisioning the future. However, TOKYO TOWER seemed to kindly watch over the people even at the time of drastic change.

日本的泡沫经济破灭了，但成田特快于平成 3 年（1991 年）开通 平成 5 年（1993 年）连接东京芝浦和御台场的彩虹桥建成。从此入境访问东京变得比以往更加容易了。

考虑到这些需求，平成 6 年（1994 年）在东京塔开设了东京塔技巧画廊，东京塔本身试图通过提出超越语言障碍的乐趣来采取一种新方法。另外，平成 7 年（1995 年）是第 1 亿 2 千万位访客到访的一年，它成为一个热门话题。

另一方面，这个时代的东京和日本并不总是光鲜亮丽的话题。同年，震惊整个日本的地铁沙林毒气事件在东京的地铁内连续发生。造成了 13 人死亡、5800 多人受伤的巨大损失，使整个社会陷入了混乱之中。

另一方面，计算机技术的进化和随之而来的商品不断出现也成了这个时代的特征。平成 8 年 (1996 年)，GAME BOY 软件的口袋妖怪成为了爆炸性的热点。除此之外，钥匙扣游戏、拓麻歌子等也成为了社会现象的热潮。

另外，日本国内的互联网也从这个时代开始渗透，在以后的普及之前成为日本最大的门户网站，Yahoo! JAPAN(雅虎！日本) 也从同年 4 月开始提供服务。

各种各样的事例有很多，对大部分的日本人来说，还预料不到未来的样子，不过在这个让人觉得瞬息万变的时代里，东京塔还是温柔地守护着人们。

日本泡沫經濟破滅了，但成田特快於平成 3 年（1991 年）開通，平成 5 年（1993 年）連接東京芝浦和御台場的彩虹橋建成。從此入境訪問東京變得比以前更加容易了。

考慮到這些需求，平成 6 年（1994 年）在東京塔開設了東京塔技巧畫廊，東京塔本身試圖通過提出超越語言障礙的樂趣來採取一種新方法。另外，平成 7 年（1995 年）是第 1 億 2000 萬名訪客到訪的一年，它成為一個熱門話題。

另一方面，這個時代的東京和日本並不總是光鮮亮麗的話題。同年，震驚整個日本的地鐵沙林毒氣事件在東京的地鐵內連續發生。造成了 13 人死亡、5800 多人受傷的巨大損失，使整個社會陷入了混亂之中。

另一方面，計算機技術的進化和隨之而來的商品不斷出現也成了這個時代的特徵。平成 8 年 (1996 年)，GAME BOY 軟件的口袋妖怪成為了爆炸性的熱點。除此之外，鑰匙扣遊戲、塔麻可吉等也成為了社會現象的熱潮。

另外，日本國內的互聯網絡也從這個時代開始滲透，在以後的普及之前成為日本最大的門戶網站，Yahoo! JAPAN(雅虎！日本) 也從同年 4 月開始提供服務。

各種各樣的例子有很多，對大部分的日本人來說，還預料不到未來的樣子，不過在這個讓人覺得瞬息萬變的時代裡，東京塔還是溫柔地守護著人們。

버블 경기가 붕괴하기는 했지만 , 헤이세이 3 년 (1991 년) 에는 나리타 익스프레스가 개통했고 , 그 밖에 헤이세이 5 년 (1993 년) 에는 도쿄 시바우라와 오다이바를 잇는 레인보우 브리지가 완성됐다 . 이로 인해 지금까지 이상으로 해외 관광객이 도쿄로 접근하기 용이해지게 됐다 .

이러한 수요를 의식해서인지 , 헤이세이 6 년 (1994 년), 도쿄 타워에서는 도쿄 타워 트릭 아트 갤러리가 문을 열었다 . 언어의 벽을 뛰어넘는 즐거움을 제안하는 등 도쿄 타워 그 자체도 새로운 시도에 나서고 있었다 . 또한 , 헤이세이 7 년 (1995 년) 에는 1 억 2 천만 명째의 방문객이 찾아 크게 화제가 된 해이기도 했다 .

한편 , 이 시대의 도쿄 및 일본에는 반드시 밝은 화제만 있는 것은 아니었다 . 그해에는 일본 전국을 뒤흔드는 지하철 사린 사건이 도쿄 지하철 전철 안에서 연속으로 발생했다 . 사망자 13 명 , 부상자 5,800 명 이상이라는 막대한 피해를 일으키며 사회 전체를 혼란에 빠뜨렸다 .

한편 컴퓨터 기술의 진화와 그에 따른 상품이 속속 나오기 시작한 것도 이 시대의 특징이다 . 헤이세이 8 년 (1996 년) 에는 게임보이의 소프트인 포켓 몬스터가 폭발적 히트를 일으킨 것 외에 키 체인 게임인 다마고치 등도 사회 현상이 될 정도로 큰 붐을 일으켰다 .
또한 , 인터넷이 일본 국내에 침투하기 시작했으며 , 이후의 일반화에 앞서서 일본 최대급 포털 사이트 Yahoo! JAPAN 도 그해 4 월부터 서비스를 시작했다 .

다양한 사건이 발생하는 등 대다수의 일본인으로서는 아직 미래상을 예상할 수 없었지만 , 빠르게 변하기 시작한 이 시대 또한 도쿄 타워가 사람들을 상냥하게 지켜봐 주고 있었음이 틀림없다 .

tower. 7　1991－1996

上は、平成3年（1991年）にオープンし、社会現象にもなったジュリアナ東京の様子。実際にはバブル経済崩壊後に盛り上がったディスコだが、今日ではバブル期を表す現象として扱われることも多い。下は、平成7年（1995年）1月の1億2千万人目となった来塔者。多くのメディアに取り上げられた。

上は平成７年（1995年）3月20日に発生した地下鉄サリン事件の様子。東京タワーの最寄りとなる神谷町駅の事件発生直後の写真で、東京タワー周辺も一時緊迫したという。下は平成8年（1996年）５月８日（日本電波塔株式会社の創立記念日）に、タワー大神宮で行われた例大祭の様子。

tower.7　1991－1996

平成8年（1996年）、JR新橋駅東側の旧国鉄汐留駅跡地で江戸時代の大名屋敷の発掘作業が行われた際の写真。現在の臨海副都心線の発着駅付近で、この界隈も後に事業者用の高層ビル群が立ち並ぶことになる。その変遷を見守るように、右後方には東京タワーが建っている。

黄桜
M
ミドリ安

tower.8

平成9年〜平成11年

1997

1999

tower.8

1997–1999

平成9年～平成11年

平成元年（1989年）に導入された消費税は、8年後の平成9年（1997年）にはさらに5パーセントに引き上げられた。この増税には地方消費税が導入され、5パーセントのうちの1パーセントは地方税となった。

また、同年には日本の大手証券会社だった山一証券や三洋証券が立て続けに破綻。金融業界だけでなく、社会全体の失業率が4.7%まで上昇し、自殺者数が急増するなどの社会ショックが生じた。

1980年代のバブル崩壊の傷跡が色濃く残る暗雲立ち込める時代ではあったが、東京タワーに目を向けると、平成10年（1998年）に開業より40周年を迎えている。

同年12月23日の開業記念日には、東京タワーの公式キャラクターであるノッポン兄弟が誕生。公式の発表でのノッポン兄弟は身長2メートル23センチ、10歳の双子の男の子である。青いオーバーオールを着ているのが兄で、クールで無口なシャイボーイ。赤いオーバーオールを着ている弟は、明朗活発ながら寂しがり屋の一面がある。暗い時代の中でも皆を元気にさせるそのキャラクターは、東京タワーの存在そのものとも合致し、以降多くの日本国民に認知されるようになる。

また、平成11年（1999年）にはインターネットの普及に伴うメディアの変化や、ハイテクノロジーの進化がめざましく、4足走行型のロボットが市販されたり、DVDの録画や再生を可能にしたDVDレコーダーが発売されるなど、来たる2000年代に向けて様々な開発がなされた時代でもあった。

The rate of consumption tax, which was implemented in 1989, was raised from three percent to five percent in 1997. Following the hike, one percent out of the tax was levied as newly-introduced local consumption tax and put into the revenue of local governments.

Also, the entire community was shocked by some news such as the bankruptcies of two major Japanese securities Yamaichi Securities and Sanyo Securities, the rise of unemployment rate in not only the financial industry but the entire society as well to 4.7%, and the surge of total number of suicides.

In the period when the scars left by the bust of bubble economy had strongly remained, TOKYO TOWER celebrated its 40th anniversary in 1998.

On December 23, the anniversary of the day TOKYO TOWER opened, Noppon Brothers, an official character for TOKYO TOWER, were introduced. According to the official release, Noppon Brothers are 10-year-old twins and 223 centimeters tall. Elder brother, clad in blue overalls, is a cool and quiet shy boy. Younger brother, clad in red overall, is bright and cheerful but has a side of shy nature. The image of this character coincides with the presence of TOKYO TOWER since both can cheer up everyone even in the dark period, and the character has been widely recognized by Japanese people.

Also, looking ahead to the upcoming 2000s, various developments had been undertaken. The diffusion of the Internet made a transformation of media and the advanced technology made a remarkable development. In 1999, a quadrupedal walking robot and DVD recorder which enables record and play DVDs hit the streets.

平成元年 (1989 年) 导入消费税 8 年后的平成 9 年 (1997 年) 又提高了 5%。这个增税导入了地方消费税，百分之五中的百分之一是地方税。

另外，同年日本的大型证券公司山一证券和三洋证券接连破产。 不仅是金融行业，整个社会的失业率都上升到 4.7%，出现了自杀人数剧增等的社会冲击。

1980 年代的泡沫经济破灭留下了浓墨重彩的伤痕，是一个乌云密布的时代。但放眼东京塔，在平成 10 年 (1998 年) 迎来了开业 40 周年。

同年 12 月 23 日开业纪念日上，东京塔官方角色 Noppon 兄弟诞生了。正式公布 Noppon 兄弟身高 2.23 米，是一对 10 岁的双胞胎男孩。哥哥穿着蓝色的工装裤，是个很酷很沉默寡言的害羞男孩。穿着红色工装裤的弟弟有着既活波开朗的一面又是一个容易感到寂寞的人。在黑暗的时代中也能让大家精神焕发的角色，本身和东京塔的存在也很吻合，之后为许多日本国民所周知。

另外，平成 11 年 (1999 年) 媒体伴随着联网的普及发生的变化、高科技的进化尤为显著，四条腿的机器人在市场上可以买到，能够进行 DVD 的录制和重复播放的 DVD 刻录机也问世了。这是一个为迎接即将到来的 21 世纪 00 年代取得了各种各样发展的时代。

平成元年 (1989 年) 導入消費稅 8 年後的平成 9 年 (1997 年) 又提高了 5%，這個增值稅導入了地方消費稅，百分之五中的百分之一是地方稅。

另外，同年日本的大型證券公司山一證券和三洋證券接連破產。不僅是金融行業，整個社會的失業率都上升到了 4.7%，出現了自殺人數劇增等的社會衝擊。

80 年代的泡沫經濟破滅留下了濃墨重彩的傷痕，是一個烏雲密佈的時代。但放眼東京塔，在平成 10 年 (1998 年) 迎來了開業 40 週年。

聽年 12 月 23 日開業紀念日上，東京塔官方角色 Noppon 兄弟誕生了。正是公布 Noppon 兄弟身高 2.23 米，是一對 10 歲的雙胞胎男孩。哥哥身穿藍色工裝褲，是個很酷很沈默寡言的害羞男孩。穿著紅色工裝褲的弟弟有著既活潑開朗的一面又是一個容易感到寂寞的人。在黑暗的時代裡也能讓大家精神煥發的角色，本身和東京塔的存在也很吻合，之後為許多日本國民所周知。

另外，平成 11 年 (1999 年) 媒體伴隨著互聯網絡的普及發生繁榮變化、高科技的進化尤為顯著，四條腿的機器人在市場上可以買到，能夠進行 DVD 的錄製和重複播放的 DVD 刻錄機也問世了。這是一個為迎接即將到來的 20 世紀 00 年代取得了各種各樣發展的年代。

헤이세이 원년 (1989 년) 에 도입된 소비세가 8 년 후인 헤이세이 9 년 (1997 년) 에는 5 퍼센트로 올랐다 . 이 증세에는 지방 소비세가 도입되어 5 퍼센트 중 1 퍼센트는 지방세였다 .

또한 , 그해에는 일본의 대형 증권사였던 야마이치 증권 , 산요 증권이 연달아 파산했다 . 금융 업계뿐 아니라 사회 전체의 실업률이 4.7% 까지 상승했고 자살자 수가 급증하는 등 사회 문제가 발생했다 .
1980 년대의 거품 붕괴의 상처가 진하게 남은 암운으로 가득한 시대이기는 했지만 , 도쿄 타워로 눈을 돌리면 헤이세이 10 년 (1998 년) 에 개업 40 주년을 맞이하게 된다 .

그해 12 월 23 일의 개업 기념일에는 도쿄 타워의 공식 캐릭터인 놋폰 형제가 탄생했다 . 공식 발표에 따르면 놋폰 형제는 키 2 미터 23 센티미터 , 10 세의 쌍둥이 남자아이다 . 파란 멜빵 바지를 입고 있는 형은 쿨하고 과묵한 수줍은 많은 소년 . 빨간 멜빵 바지를 입고 있는 동생은 명랑하고 활발하지만 외로움을 타기도 한다 . 암울한 시대에서도 모두를 기분 좋게 하는 그 캐릭터는 도쿄 타워의 존재 그 자체와도 잘 부합했기에 이후 많은 일본 국민에게 알려지게 된다 .

또한 , 헤이세이 11 년 (1999 년) 에는 인터넷의 보급에 따른 언론의 변화 및 하이 테크놀로지의 진화가 눈부셨으며 , 4 족 주행형 로봇이 시판되거나 DVD 녹화와 재생이 가능한 DVD 레코더가 발매되는 등 , 다가오는 2000 년대를 향해 다양한 개발이 이루어진 시대이기도 했다 .

tower.8　1997－1999

上は平成９年（1997年）４月１日の消費税増税前夜の東京駅の様子。JR職員たちが運賃の表示板を新装している。下は同年に東京タワーで開催された「タワーフェスタ'97」の様子。景気回復の兆しが見えない中での消費税増税だったが、東京タワーはライトアップだけでなく、季節のイベントや展望台ライブ等で、多くの人々を楽しませた。

平成10年（1998年）、1億3千万人目となった来塔者。東京タワー開業から40周年の記念すべき年に、のべ来塔者が日本人口を上回った。

tower.8　1997–1999

上は開業40周年となる平成10年（1998年）12月23日（東京タワーの開業日）に誕生した双子の公式キャラクター・ノッポン兄弟。以来、土日祝日を中心に東京タワー内をグリーティングし、多くの来塔者と触れ合ってきた。下は東京タワー名物、約6百段の外階段を上下し、事前に設定された隠しタイムに近いチームが優勝する「体育の日」の恒例企画「ファミリーラリー」の様子。

平成10年（1998年）のクリスマス時期に点灯したキャンドルタワー。東京タワーを“都会のキャンドル”に見立てたライトアップが話題を呼んだ。

tower.9

平成12年～平成15年

2000-

2003

tower.9

2000−2003

平成12年～平成15年

平成11年（1999年）から年が明けて平成12年（2000年）を迎える際、コンピュータが「2000年」を「1900年」と認識し誤作動を起こす可能性があるとされた、いわゆる2000年問題。停電や医療機器の停止、飛行機の墜落、ミサイルの誤発射などの危険性が報道され日本中に不安が広がったが、技術者たちによる水面下の努力の結果、不安は杞憂に終わり、誤作動を招くことなく、無事に新時代・2000年代に突入した。

平成12年（2000年）7月には、沖縄サミットと西暦2000年にちなんで2千円札が発行された。また、後に一般化されるネットバンクの先駆けとして、ジャパンネット銀行が営業をスタート。

さらに、衛星放送を用いたBS放送のデジタル化も進み、NHK、民放キー局、WOWOWなどがこぞってBSデジタル放送を開始。これまでは無料で放送されていたコンテンツに対し、視聴者が課金するシステムが定着するようになった。

平成13年（2001年）には、JR東日本が非接触カード・Suicaを導入し、電車移動の際の合理化を促すなど、ハイテクノロジー技術の運用が盛んになった時代だが、東京タワーでも平成15年（2003年）に、デジタルラジオ推進協会が地上デジタル音声放送の実用化試験放送をVHF7chの帯域で放送開始。さらに、放送大学以外のテレビ局が地上デジタルテレビ放送をUHF帯域で開始するなど、それまでの技術に加え、デジタル化も備えた機能を持つようになった。

また、東京タワーそのものも大きく変わった時代で、特に顕著だったのが、平成14年（2002年）の特別展望台・大展望台のリニューアル。年間を通して営業時間を22時まで延長し、生活習慣の変化に伴う、多様化するニーズに呼応した試みだった。

It was widely said that "Y2K problem" might occur at the moment of crossing the years from 1999 to 2000. The malfunction caused by the computer's false recognition of "2000" as "1900" might trigger blackout, suspension of medical equipment, plane crash and accidental firing of missiles. The news coverage about this danger spread social anxiety. Thanks to behind-the-scenes efforts by technicians, such anxiety proved unfounded and malfunction could be averted. Everyone could welcome the new millennium in peace.

In July 2000, 2,000 yen bill was issued in tribute to the Okinawa summit and year 2000. Also, Japan Net Bank started its business. This was a pioneer of an internet banking system which would be widely used later.

Moreover, thanks to the digitalization of broadcasting satellites (BS), NHK, key commercial TV stations and WOWOW, a private broadcasting satellite station, started BS digital broadcasting services. The charging system for watching broadcast contents, available for free in the past, started to gain a foothold.

At the same time, advanced technologies had been widely applied to real life. JR East introduced Suica, a contactless card, in order to promote the streamlining of riding trains. When it came to TOKYO TOWER, in 2003, Digital Radio Broadcasting Association started the experimental broadcast to aim at the commercialization of digital terrestrial audio broadcast via VHF7ch bandwidth. Also, terrestrial television stations except The Open University of Japan, a station specializing in remote education, started digital terrestrial broadcast via UHF bandwidth. These events mean that the technologies which enabled digitalization were emerged in addition to the existing technologies.

TOKYO TOWER itself had greatly transformed as well. In particular, in 2002, Special Observatory and Main Observatory were renewed, and business hours were extended to 22:00 throughout the year in order to cater to the diverse needs associated with the changes of lifestyle habits.

当从平成 11 年 (1999 年) 开年到平成 12 年 (2000 年) 到来时，计算机将“2000”识别为“1900”并可能导致故障，这就是所谓的 2000 年的问题。停电或医疗器械的停止、飞机坠落、误发射导弹等危险性被报道后增加了日本人心里的不安，但是经过技术人员的努力，人们不再杞人忧天，也没有出现失误操作，顺利进入了新时代 2000 年。

平成 12 年 (2000 年)7 月，在冲绳峰会和西历 2000 年之际发行了 2000 元面额的纸币。另外，作为后来普及的网络银行的先驱，日本网络银行（Japan Net Bank）开始营业了。

并且，使用卫星广播的 BS 广播数字化也进行着，NHK、民放广播键局、WOWOW 等相继开始 BS 数字广播。已经建立了一种固定系统，在该系统中观众需要对迄今为止免费广播的内容付费。

平成 13 年 (2001 年)，JR 东日本推出了非接触式卡 Suica 卡，是促进电车合理化运行等高科技技术运用盛行的时代。东京塔也在平成 15 年 (2003 年) 里，由数字广播推进协会开始在 VHF7ch 频段播送地面数字音频广播的实用测试广播。此外，广播大学以外的电视台开始在 UHF 频段进行地面数字电视广播等，加上现有的技术，还具备了数字化的功能。

另外，东京塔本身也发生了很大的变化，特别显著的是平成 14 年 (2002 年) 特别展望台· 大展望台的重新装修。全年营业时间延长至 22 点，是顺应生活习惯变化、响应多样化需求的尝试。

當從平成 11 年 (1999 年) 开年到平成 12 年 (2000 年) 到來時，計算機將“2000”識別為“1900”並可能導致故障，這就是所謂的 2000 年的問題。停電或醫療器械的停運、飛機墜落、誤發射導彈等危險性事件被報導後增加了日本人心裏的不安，但是經過技術人員的不懈努力，人們不再杞人憂天，也沒有再出現失誤操作，順利進入了新時代 2000 年。

平成 12 年 (2000 年)7 月，在沖繩峰會和西歷 2000 年之際發行了 2000 元面額的紙幣。另外，作為後來普及的網絡銀行的先驅，日本網絡銀行（Japan Net Bank）開始營業了。

此外，使用衛星廣播的 BS 廣播數字化也進行著，NHK、民間廣播鍵局、WOWOW 等相繼開始 BS 數字廣播。已經建立了一種固定系統，在該系統中光忠需要對迄今為止免費廣播的內容付費。

平成 13 年 (2001 年)，JR 東日本推出了無接觸式卡 Suica 卡，是促進電車合理化運行等高科技技術運用盛行的時代。東京塔也在平成 15 年 (2003 年) 裡，由數字廣播推進協會開始在 VHF7ch 頻段播送地面數字音頻廣播的實用性測試廣播。此外，廣播大學以外的電視台在 UHF 頻段進行地面數字電視廣播等，加上現有的技術，還具備了數字化功能。

另外，東京塔自身也發生了很大的變化，特別顯著的是平成 14 年 (2002 年) 特別展望台· 大展望台的重新裝修。全年營業時間延長至 22 時，是順因生活習慣的變化、響應多樣化需求的嘗試。

헤이세이 11 년 (1999 년) 의 해가 저물고 헤이세이 12 년 (2000 년) 을 맞이할 때 컴퓨터가 '2000 년 ' 을 '1900 년 ' 으로 인식하는 오작동을 일으킬 가능성이 있는 것으로 알려진 , 이른바 2000 년 문제 . 정전 및 의료기기 정지 , 비행기 추락 , 미사일 오발 등의 위험성이 보도되며 일본 전국에 불안이 퍼졌다 . 하지만 기술자들이 물밑에서 노력한 덕에 불안은 기우로 끝나게 됐고 , 오작동을 초래하지 않고 무사히 새로운 시대인 2000 년대에 돌입하게 됐다 .

헤이세이 12 년 (2000 년) 7 월에는 오키나와 정상 회의가 열렸고 , 서기 2000 년을 기념하여 2000 엔짜리 지폐가 발행됐다 . 또한 이후에는 일반화되는 인터넷 뱅킹의 선두주자로서 재팬넷 은행이 영업을 시작했다 .

또한 , 위성 방송을 이용한 BS 방송의 디지털화도 진전되어 NHK, 민방키 스테이션 , WOWOW 등이 BS 디지털 방송을 개시했다 . 이로써 지금까지는 무료로 방송되던 콘텐츠에 대해 시청자가 돈을 지불하는 시스템이 정착하게 된다 .

헤이세이 13 년 (2001 년) 에는 JR 동일본이 비접촉 카드 Suica 를 도입하며 전철 이동 시의 합리화를 촉진하는 등 하이 테크놀로지 기술의 운용이 번성한 시절이라 할 수 있다 . 도쿄 타워에서도 헤이세이 15 년 (2003 년) 에 디지털 라디오 추진 협회가 지상 디지털 음성 방송의 실용화 시험 방송을 VHF7ch 대역에서 방송하기 시작했다 . 나아가 방송대학 외의 텔레비전 방송국이 UHF 대역에서 지상 디지털 방송을 시작하는 등 그동안의 기술에 더하여 디지털화도 겸비한 기능을 갖추게 됐다 .

또한 , 도쿄 타워 자체도 크게 달라진 시대로 , 특히 두드러진 것이 헤이세이 14 년 (2002 년) 의 특별전망대 , 대전망대의 리뉴얼이다 . 기본 영업시간을 22 시까지 연장했으며 , 이는 생활 습관의 변화에 따라 다양화된 요구에 호응하고자 하는 시도였다 .

tower.9 2000−2003

上は平成12年（2000年）1月1日、0時0分1秒の羽田空港の航空管制室の様子。危惧されていたいわゆる2000年問題は喜憂に終わった。下は同時間帯の東京湾での2000年祝賀イベントの様子。

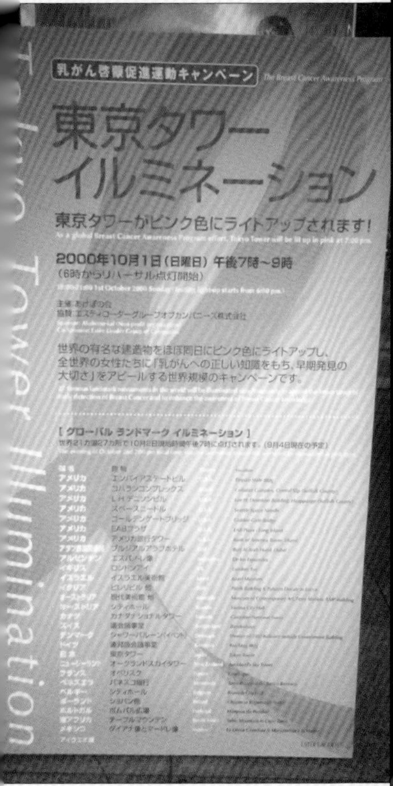

乳がんの正しい知識を広め、早期受診の推進を目指す「乳がんの知識と早期発見の啓発キャンペーン」に伴ってピンク色にライトアップされた東京タワー。いわゆる“ピンクリボン運動”の先駆けとして平成12年（2000年）にスタートした。東京タワーがライトアップの色を変えて、啓蒙活動やプロモーションを実施する事例として大きなインパクトを与えた。

tower.9　2000–2003

上は平成14年（2002年）10月、1億4千万人目の来塔者を祝う式典の様子。下は平成15年（2003年）にオープンした六本木ヒルズ展望台から見た東京タワー。

平成14年（2002年）11月7日には、日本の本州南海上で前線が停滞し、早朝関東各地で霧が発生した。写真のように東京タワーも霧によって、そのディテールがぼやけて見えた。

tower.10

平成16年～平成19年

2004

2007

tower.10

2004—2007

平成16年～平成19年

平成17年（2005年）、全国への普及に向け展望台に“地デジ”の文字が浮かんだ東京タワー。それまでのタワービルをフットタウンという名称に変更し、リニューアルオープンしたり、同年には「DOCOMOMO JAPAN 選定　日本におけるモダン・ムーブメントの建築」に選定。また、翌平成18年（2006年）には来場者数が1億5千万人を超えるなど、依然ニュースには事欠かなかったが、改めて日本国民の心にその存在感を刻んだトピックは、平成17年（2005年）に発表されたリリー・フランキーによる著書『東京タワー～オカンとボクと、時々、オトン～』だろう。

著者が自身の母親との半生を綴った自伝的長編小説であり、がんをわずらった母親を東京へと招き寄せ、母子で慎ましく暮らす様子が描かれた作品。自身は「いつか東京タワーの展望台に連れていく」と母に約束するが、その約束が果たせぬまま、母は他界。生前の「母と一緒に東京タワーを登る」という約束が守れなかった悔いを残しながら、自身は母親の位牌と東京タワーの展望台から、東京を眺めるというもの。

本作は220万部の大ベストセラーとなり映画、テレビドラマ化もされ、おおいに話題となった。

普遍的な愛を描いた同小説と、40年以上も変わらぬ姿であり続ける東京タワーが重なり、改めてその存在が評価された時代でもあった。

TOKYO TOWER had had no lack of news during this period. In 2005, TOKYO TOWER played a role in publicizing digital terrestrial broadcasting throughout Japan by displaying the word "地デジ" (chideji, digital terrestrial broadcasting) on the observatory. In the same year, Tower Building, the facility at the foot of TOKYO TOWER, was renewed and renamed into FootTown. Also, TOKYO TOWER was selected as "Modern Movement Building in Japan" by DOCOMOMO Japan, an academic organization which aims at the record and preservation of modern buildings. In 2006, TOKYO TOWER welcomed 150 millionth visitor. However, the topic by which TOKYO TOWER was taken to the hearts of Japanese people was Lily Franky's autobiographical novel TOKYO TOWER: Okan-to Boku-to, tokidoki Oton (TOKYO TOWER: Mom and Me, and Sometimes Dad) published in 2005.

It depicts his life with his mother. He calls over his mother, who is suffering from cancer, to Tokyo and has a moderate life. He promises her to take her to the observatory of TOKYO TOWER someday. Unfortunately, his promise cannot be fulfilled due to mother's death. Feeling regret for not keeping his word, he goes to the observatory with mother's spirit tablet to look over Tokyo.

Although it had an initial print run of relatively low 30,000, it became later the talk of the town and a bestseller which sold 2.2 million copies. It was also adapted into a movie and a TV drama.

Overlapping the image of this novel, which depicts universal love, with the one of TOKYO TOWER, which had been standing for over four decades, helped people reappraise the presence of TOKYO TOWER.

平成 17 年（2005 年），面向全国普及的东京塔展望台上浮现出地面数字广播的文字。原来的塔楼改名为 FOOT TOWN 并重新装修开放，并于同年被选定为“ DOCOMOMO JAPAN 日本现代运动精选建筑”。此外，第二年平成 18 年（2006 年）的游客人数超过了 1.5 亿，这样的新闻依然随处可见，但是重新引起日本民众关注的话题是利利· 弗兰克（Lily Franky）于 2005 年出版的名为《东京塔: 老妈和我 ,有时还有老爸》的作品。

这是一部作者与母亲在一起生活了半个世纪的自传体长篇小说，描写了邀请患有癌症的母亲来到东京，与母亲一起过着简朴生活的故事。自己向母亲约定说“总有一天我会带你去东京塔的展望台”，但是这个约定没能实现，母亲就去世了。没能遵守生前“和母亲一起爬东京塔”的约定，虽然留下了遗憾，但自己却从母亲的灵位和东京塔的观景台眺望东京。

第一版发行了 3 万册，虽然发行量并不大，但是这个话题成为引起话题的 220 万册的畅销书并被改编成电影电视剧的热门话题。

描绘普通亲情的小说和 40 多年来丝毫没有变化的东京塔重叠在一起，这是它的存在再次受到赞赏的时代。

平成 17 年（2005 年），面向全國普及的東京塔展望台上浮現出地面數字廣播的文字，原來的塔樓改名為 FOOT TOWN 並重新裝修開放，並於同年被選定為“ DOCOMOMO JAPAN 日本現代運動精神精選建築”。此外，次年平成 18 年（2006 年）的遊客人數超過了 1.5 億，這樣的新聞依然隨處可見，但是重新引起日本民眾關注的話題是 Lily Franky（利利· 弗蘭克）於 2005 年出版的名為《東京塔: 老媽和我，有時還有老爸》的作品。

這是一部作者與母親一起生活了半個世紀的自傳體長篇小說，描寫了邀請患有癌症的母親來到東京，與母親一起過著簡樸生活的故事。

自己向母親約定說”總有一日我會帶你區東京塔的展望台“，但是這個約定沒能實現，母親就去世了。沒能遵守生前”和母親一起爬東京塔“的約定，雖然留下了遺憾，但自己卻從母親的靈位和東京塔的觀景台眺望了東京。

第一版發行了 3 萬冊，雖然發行量並不大，但是這個話題成為引起話題的 220 萬冊的暢銷書並被改編成電影電視劇的熱門話題。

描繪普遍愛情的小說和 40 多年來絲毫沒有變化的東京塔重疊在一起，這是它的存在再次受到讚賞的時代。

헤이세이 17 년 (2005 년), 전국으로의 보급을 기념하며 전망대에 ' 지상 디지털 방송 ' 의 글자가 떠오른 도쿄 타워 . 그동안의 타워 빌딩을 풋 타운이라는 명칭으로 변경하고 리뉴얼 오픈했으며 , 같은 해에 'DOCOMOMO JAPAN 선정 일본의 모던 무브먼트 건축 ' 에 선정됐다 . 또한 , 다음 해인 헤이세이 18 년 (2006 년) 에는 방문객 수가 1 억 5,000 만 명을 넘어서는 등 여전히 뉴스가 되기에는 부족할 것이 없었지만 , 새삼 일본 국민의 마음에 그 존재감을 새긴 주제는 헤이세이 17 년 (2005 년) 에 발표된 릴리 프랭키의 저서『도쿄 타워 ~ 엄마와 나 , 때때로 아버지 ~』일 것이다 .

저자가 자신의 어머니와의 반생을 담은 자전적 장편 소설이자 , 암을 앓았던 어머니를 도쿄로 불러서 모자간에 검소하게 사는 모습을 그린 작품이다 . ' 언젠가 도쿄 타워의 전망대로 데려가겠다 ' 라고 어머니께 약속하지만 , 그 약속을 지키지 못한 채 어머니가 타계한다 . 생전의 ' 어머니와 함께 도쿄 타워를 오른다 ' 라는 약속을 지키지 못한 후회를 남긴 채 , 자신은 어머니의 위패를 들고 도쿄 타워 전망대에서 도쿄를 바라본다는 내용이 담겨 있다 .

초판 3 만 부로 특별히 많은 발행 부수는 아니었지만 , 화제가 화제를 불러 220 만 부의 베스트셀러가 됐고 영화 , 텔레비전 드라마로도 만들어져 큰 화제를 얻었다 .

보편적인 사랑을 그린 이 소설과 40 년 이상이나 한결같은 모습으로 남아있는 도쿄 타워가 겹치면서 , 새삼 그 존재가 평가를 받은 시대이기도 했다 .

tower.10 2004–2007

平成16年（2004年）12月26日にインドネシア・スマトラ島沖で大地震が発生。翌平成17年（2005年）3月11日、大展望台（現在のメインデッキ）西側に“1226”の光文字を映し出し、哀悼の意を表した。同時にタワーの下半分を消灯し、キャンドルをイメージしたライトアップを点灯。また、東京タワー正面玄関前では“LOVE”の文字をキャンドルで作成し、義援金を募った。主旨に賛同した多くの参加者や展望客が募金に協力した。

平成15年（2003年）10月10日には、日本で初の試みとなる地上デジタル音声放送（デジタルラジオ）のアンテナが東京タワー特別展望台（現在のトップデッキ）下に設置され、出力8百ワットで実用化試験放送が開始された。平成19年（2007年）には、2.4キロワットへ増力され、平成23年（2011年）に放送が終了となった。

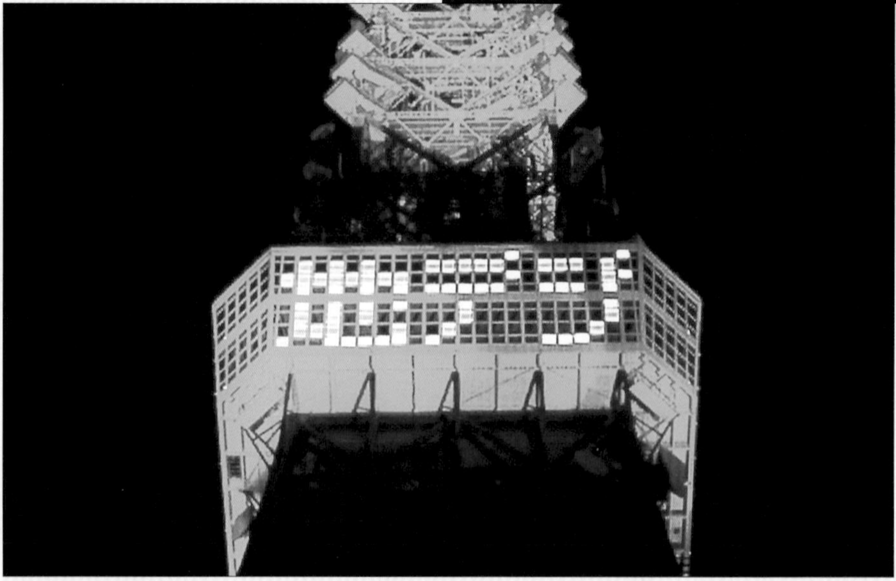

平成14年（2002年）の展望台リニューアルに続き、平成17年（2005年）、塔脚下の商業ビル（タワービル）のリニューアルを実施。ファザード、外壁、エントランスロビー、エレベーターなどが改装され、このタイミングでタワービルは“フットタウン”という名称に変わった。これを記念して、3月19日から4月17日までは、大展望台（現在のメインデッキ）の北側のガラス面にピンク色のリボンが終夜ライトアップされた。

tower.10　2004–2007

上は平成16年（2004年）より始まった水上バス、ヒミコ。東京周辺の観光用の水上バスが増えたのもこの時代。コースおよび場所によっては東京タワーを眺めることもできるようになった。平成18年（2006年）9月、1億5千万人目の来塔者を迎えた際のスナップ。ノッポンも紋付袴姿で、来塔者をお祝いした。

平成19年（2007年）、には「アイルランドと日本の外交関係樹立50周年」を記念し、東京タワーがアイルランドのシンボルカラーであるエメラルド色（緑色）に ライトアップされた。

tower. 11

平成20年〜平成22年

2008

2010

tower.11

2008–2010

平成20年～平成22年

開業50周年を迎えた平成20年（2008年）12月から新ライトアップ「ダイヤモンドヴェール」がスタート。既存の「ランドマークライト」と合わせ、東京タワーのライトアップが更に表現力を増した。

平成21年（2009年）10月には、来訪者数が1億6千万人を超えた東京タワーだが、時代の変遷とともに、近隣には超高層建築物が濫立。影となる部分には、電波が届きにくくなっていたことと、ワンセグやマルチメディア放送が増えてきたこともあり、平成12年（2000年）頃から、新タワーの構想が持ち上がる。東京・押上が候補地となり、平成20年（2008年）から着工したこの新タワーは、平成24年（2012年）に完成。東京スカイツリーと命名された。

結果的にNHKおよび民放テレビキー局5社との間でのテレビ送信は、後の東京スカイツリーに移行することになったが、災害時などで東京スカイツリーから電波が送れない場合の予備電波塔としての機能を、東京タワーが持ち続けることとなった。

また、社会的なメッセージを含めたライトアップが増えてきたのもこの頃で、特に顕著だったのが、平成21年（2009年）、ストーカーや性犯罪など「女性に対する暴力をなくす運動」キャンペーンのために、紫色にライトアップしたもの。これは「パープルリボン」として国際的に広まる同運動にちなんだもので、同年11月の運動期間の最終日に実施されたものだった。

以降も、様々な局面でライトアップでのメッセージを発信し続ける東京タワー。今日では観光資源だけでなく、平和を願う日本国民の象徴のようにも映る。

In 2008, TOKYO TOWER celebrated its 50th anniversary. “Diamond Veil”, which started in December of that year, had contributed to enhancing its power of expression along with the existing lighting-up “Landmark Light”.

In October 2009, total visitor number surpassed 160 million. However, as time had passed, super high-rise buildings had been built in the vicinity of TOKYO TOWER. Electric waves from the tower could not be reached between the buildings in most cases. Meanwhile, one-segment broadcasting and multimedia broadcasting had increased. Due to these reasons, the concept of a new tower had been considered since 2000. Construction of the new tower started in 2008 at Oshiage area.

As a result of the opening of new tower Tokyo SkyTree in 2012, NHK and five key commercial TV stations transferred the function of television transmission from TOKYO TOWER to Tokyo SkyTree. However, it had been also decided that TOKYO TOWER still has the function of a supplemental electric wave tower in case Tokyo SkyTree becomes malfunctioned due to the disaster or other reasons.

Also, the lighting-up events with social messages had been increased. In particular, TOKYO TOWER was lit up in purple on the last day of “Purple Ribbon” campaign period of November 2009. This campaign is an international awareness activity for the extermination of violence against women such as stalking and sec crime.

Since then, TOKYO TOWER has been continuing to send messages through the lighting-up on various occasions. Today, TOKYO TOWER seems to be not only a sightseeing source but also a symbol of Japanese people wishing for peace.

在平成 20 年（2008 年）12 月迎来开业 50 周年之际，开始了”钻石亮灯”，与现有的“地标亮灯”一起，东京塔的灯饰进一步增强了存在感。

平成 21 年（2009 年）10 月，参观东京塔人数超过 1.6 亿，但随着时代的变迁，附近摩天大楼拥挤。 在阴影区，无线电波难以到达，一站式和多媒体广播正在兴起，在平成 12 年（2000 年）左右推出了新的塔概念。随后平成 24 年（2012 年）出生于东京押上的东京晴空塔是从平成 20 年（2008 年）开始着手建造的。

结果，NHK 与五个主要的商业电视台之间的电视传输，将在以后转移到东京晴空塔，但是当发生灾难无法从东京晴空塔发射无线电波时，东京铁塔将继续具有备用无线电塔的功能。

这时包括社交信息在内的灯饰增加，其中最突出的是平成 21 年（2009 年）以紫色点亮发起的一场制止跟踪狂和性犯罪等对女性的暴力行为的运动。它以运动的名字命名，在国际上被称为“紫丝带运动”，并在 11 月运动期间最后一天实施。

从那时起，东京塔不断发送各种情况下的灯饰消息。今天，它不仅是一种旅游资源，也是渴望和平的日本人民的象征。

在平成 20 年(2008 年)12 月迎來開業 50 週年之際，開始了“钻石亮灯”，與現在的 “地標亮燈” 一起，東京塔的燈飾進一步增強了存在。

平成 21 年（2009 年）10 月，參觀東京塔人數超過 1.6 億，但隨著時代的變遷，附近摩天大樓變得擁擠。在陰影區，無限地阿伯難以到達，一站式和多媒體廣播正在興起，在平成 12 年（2000 年）左右推出了新的塔概念。隨後平成 24 年（2012 年）出生於東京押上的東京晴空塔是從平成 20 年（2008 年）開始著手建造的。

結果，NHK 與五個主要的商業電視台之間的電視傳輸，將在以後轉移到東京晴空塔，但是當發生災難無法從東京晴空塔發射無線電波時，東京塔將繼續具有備用無線電塔的功能。

這是包括社交信息在內的燈飾增加，其中最突出的是平成 21 年（2009 年）以紫色點亮發起的異常制止跟蹤狂和性犯罪等對女性暴力行為的運動。它以運動的名字命名，在國際上被成為“紫絲帶運動”，並在 11 月運動期間最後一夜實施。

從那時起，東京塔不斷發送各種情況下的燈飾消息。今天，它不僅是一種旅遊資源，也是可望和平的日本人民的象徵。

개업 50 주년을 맞이한 헤이세이 20 년 (2008 년) 12 월부터 새로운 라이트업 ' 다이아몬드 베일 ' 이 개시됐다 . 기존의 ' 랜드마크 라이트 ' 와 함께 도쿄 타워의 라이트업이 더욱 표현력을 더했다 .

헤이세이 21 년 (2009 년) 10 월에는 방문객 수가 1 억 6,000 만 명을 넘어선 도쿄 타워지만 , 시대의 변천과 함께 인근에 초고층 건축물이 난립하게 됐다 . 그림자가 지는 부분에는 전파가 닿기 어려워진 점과 원세그나 멀티미디어 방송이 많아진 점도 있었기에 헤이세이 12 년 (2000 년) 경부터 신 타워 구상이 부상했다 . 이것이 헤이세이 24 년 (2012 년) 에 도쿄 오시아게에 탄생하는 도쿄 스카이 트리로 , 이 공사가 시작된 것이 헤이세이 20 년 (2008 년) 이다 .

결과적으로 NHK 및 상업 텔레비전의 키 스테이션 5 개 방송사 사이의 텔레비전 송신은 도쿄 스카이 트리로 이행하게 됐지만 , 재해가 발생한 경우 등 도쿄 스카이 트리에서 전파를 보낼 수 없을 때의 예비 전파탑으로서의 기능을 도쿄 타워가 계속 지니게 됐다 .

또한 , 사회적 메시지를 포함한 라이트업이 많아진 것도 이 시기에 특히 두드러졌으며 , 헤이세이 21 년 (2009 년) 스토커와 성범죄 등 ' 여성에 대한 폭력을 없애는 운동 ' 캠페인의 일환으로 보라색으로 라이트업한 것이 대표적이다 . 이는 ' 퍼플 리본 ' 이라는 이름으로 국제적으로 펼쳐지던 캠페인을 기념한 것으로 , 그해 11 월의 캠페인 기간 최종일에 실시됐다 .

이후에도 여러 국면에서 라이트업을 통해 메시지를 발신해 온 도쿄 타워 . 오늘날에는 단순한 관광 자원일 뿐 아니라 평화를 바라는 일본 국민의 상징처럼도 비치고 있다 .

tower.11　2008–2010

地球温暖化対策が迫られる中、風力、太陽光、バイオマス、地熱といったいわゆるグリーン・エネルギーが注目を浴びた平成20年（2008年）。北海道洞爺湖サミット開催と重なった7月5日から12日までは「グリーン・エネルギー・促進ウィーク」と呼ばれ、全国各地のランドマークではグリーン電力が使われた。東京タワーでもVDFと呼ばれるベジタブル・ディーゼル燃料を使い、7月6日にグリーンにライトアップ。その珍しさをフックに、グリーン・エネルギーの存在を東京中にアピールした。

平成21年（2008年）10月16日、開業から間もなく50年という節目で達成された1億6千万人目のファミリー。

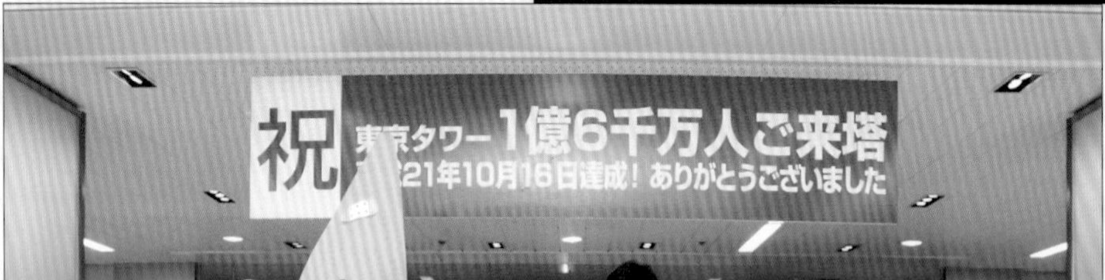

平成20年（2008年）12月1日、開業50周年を間近に控えた東京タワーは、それまでのライトアップ“ランドマークライト”に加え、新ライトアップ“ダイヤモンドヴェール”の点灯をスタート。7色に変わる機能を持つこのライトアップの誕生によって、以降も様々なプロモーションやイベントに、ライトアップが活用されることになる。

tower.11　2008–2010

平成20年（2008年）12月23日、開業50周年を迎えた東京タワーの正面玄関前で記念式典やイベントが開催された。この日の来塔者には非売品のオリジナルポストカードが配布され、東京タワーは終日、祝福ムードに溢れ、大勢の来塔者で賑わった。

平成22年（2009年）からスタートし、東京の春の風物詩となった東京タワーの“333匹のこいのぼり”装飾。

平成22年（2009年）4月9日と10日の２日間、天皇皇后両陛下ご成婚50周年を記念して、金婚式を慶祝する“リボン・ゴールド”をベースに、とこしえの緑“ピュア・グリーン”が輝く、スペシャルダイヤモンドヴェールが点灯された。

tower.11 2008—2010

「東京マラソン 2009」が平成 21 年（2009年）3月22日に開催。約3万5千人が参加し、東京タワー周辺をはじめ、東京の観光名所を走った。

tower.12

平成23年～平成24年

2011

2012

tower.12

2011−2012

平成23年〜平成24年

平成23年（2011年）3月11日、宮城県牡鹿半島の東南東沖130キロメートルを震源とする東北地方太平洋沖地震（東日本大震災）が発生した。地震の規模はマグニチュード9.0で、日本観測史上最大の地震だった。また、この地震により巨大な津波が発生し、東北地方と関東地方の太平洋沿岸部は壊滅的な被害を受けた。

この東日本大震災で激しく振られたことが原因で、東京タワー先端部の地上アナログ放送用アンテナ支柱が曲がる被害を受けたが、展望客は従業員の誘導のもと、安全に避難し、幸い怪我人は出なかった。

地震の影響で東京タワーの営業は3月18日まで中止され、曲がったタワー先端部は後の耐震改修工事により、強度の高い部材のアンテナ支柱に交換されることになった。

その後、地上アナログテレビ放送が同年7月で終了したことを受け、翌年の平成24年（2012年）にアナログ送信アンテナの撤去を開始。耐震改修工事の際は、地上306メートルの支柱底部から軟式野球ボールが発見され、ミステリアスなニュースとして取り上げられることもあった。

また、これらに加え、特別展望台行きエレベーターの改修工事も実施し、平成24年（2012年）2月は特別展望台の営業を休止した。

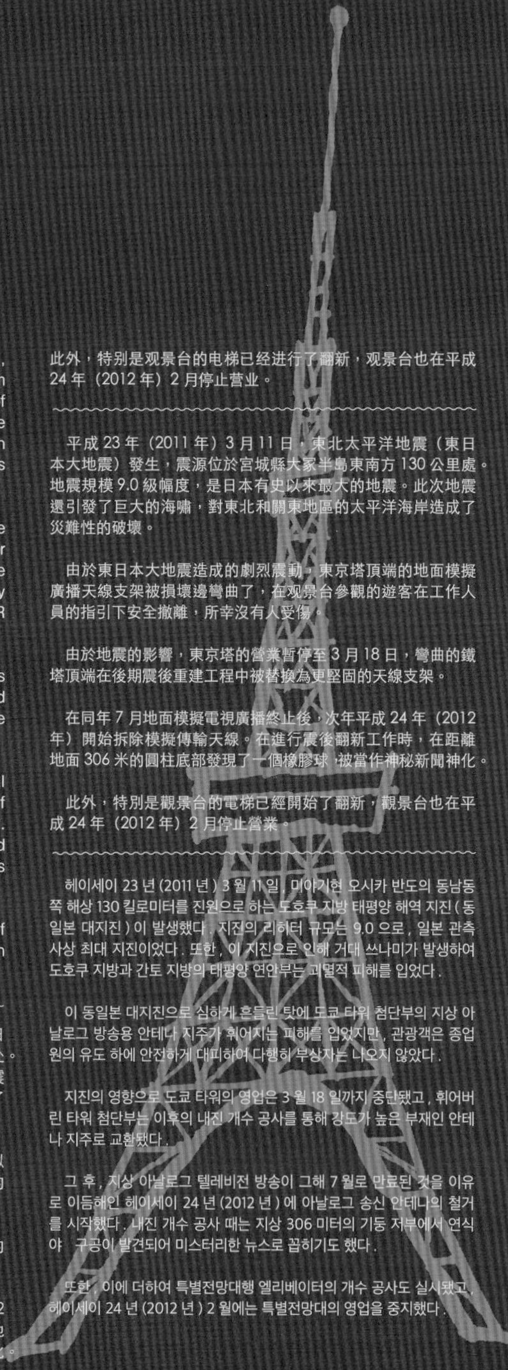

The Great East Japan Earthquake occurred on March 11, 2011. The quake, whose epicenter was at the sea 130km east-southeast off Oshika Peninsula, Miyagi Prefecture of Tohoku region, was the largest one on record in Japan. The magnitude 9.0 earthquake triggered a huge tsunami, which wreaked catastrophic damage to the Pacific coastal areas of Tohoku and Kanto regions.

The violent vibration triggered by the quake bent the antenna mast installed at the tipping of TOKYO TOWER for analog terrestrial television transmission. Fortunately, there was no injured person among the visitors because they could be evacuated by the guidance of TOKYO TOWER workers.

The quake forced TOKYO TOWER to suspend the business by March 18, 2011. The bent tipping was later replaced by the antenna mast made by high-strength material at the time of seismic retrofitting.

After that, following the cessation of analog terrestrial television broadcasting in July 2011, the removal of antenna for analog broadcasting was started in 2012. During the seismic retrofitting, a mysterious news happened as a softball was found at the bottom of mast, which was located at a height of 306m above ground level.

In addition, TOKYO TOWER conducted the renovation of elevators for Special Observatory, which was closed in February 2012.

平成 23 年（2011 年）3 月 11 日，东北太平洋地震（东日本大地震）发生，震中位于宫城县大冢半岛东南方 130 公里处。地震规模 9.0 级幅度，是日本有史以来最大的地震。此次地震还引起了巨大的海啸，对东北和关东地区的太平洋海岸造成了灾难性的破坏。

由于东日本大地震造成的剧烈震动，东京塔顶端的地面模拟广播天线支架被损坏变弯曲了，观景台参观游客在工作人员的指引下安全撤离，所幸没有人受伤。

由于地震的影响，东京塔的营业暂停至 3 月 18 日，弯曲的铁塔顶端在后期地震翻新工程中被替换为更坚固的天线支架。

在同年 7 月地面模拟电视广播终止后 次年平成 24 年（2012 年）开始拆除模拟传输天线。 在进行地震翻新工作时，在离地面 306 米的圆柱底部发现了一个橡胶球，被当作神秘新闻神化。

此外，特别是观景台的电梯已经进行了翻新，观景台也在平成 24 年（2012 年）2 月停止营业。

平成 23 年（2011 年）3 月 11 日，東北太平洋地震（東日本大地震）發生，震源位於宮城縣大冢半島東南方 130 公里處。地震規模 9.0 級幅度，是日本有史以來最大的地震。此次地震還引發了巨大的海嘯，對東北和關東地區的太平洋海岸造成了災難性的破壞。

由於東日本大地震造成的劇烈震動，東京塔頂端的地面模擬廣播天線支架被損壞邊彎曲了，在观景台參觀的遊客在工作人員的指引下安全撤離，所幸沒有人受傷。

由於地震的影響，東京塔的營業暫停至 3 月 18 日，彎曲的鐵塔頂端在後期震後重建工程中被替換為更堅固的天線支架。

在同年 7 月地面模擬電視廣播終止後，次年平成 24 年（2012 年）開始拆除模擬傳輸天線。在進行震後翻新工作時，在距離地面 306 米的圓柱底部發現了一個橡膠球，被當作神秘新聞神化。

此外，特別是觀景台的電梯已經開始了翻新，觀景台也在平成 24 年（2012 年）2 月停止營業。

헤이세이 23 년 (2011 년) 3 월 11 일 , 미야기현 오시카 반도의 동남동쪽 해상 130 킬로미터를 진원으로 하는 도호쿠 지방 태평양 해역 지진 (동일본 대지진) 이 발생했다 . 지진의 리히터 규모는 9.0 으로 , 일본 관측 사상 최대 지진이었다 . 또한 , 이 지진으로 인해 거대 쓰나미가 발생하여 도호쿠 지방과 간토 지방의 태평양 연안부는 괴멸적 피해를 입었다 .

이 동일본 대지진으로 심하게 흔들린 탓에 도쿄 타워 첨단부의 지상 아날로그 방송용 안테나 지주가 휘어지는 피해를 입었지만 , 관광객은 종업원의 유도 하에 안전하게 대피하여 다행히 부상자는 나오지 않았다 .

지진의 영향으로 도쿄 타워의 영업은 3 월 18 일까지 중단됐고 , 휘어버린 타워 첨단부는 이후의 내진 개수 공사를 통해 강도가 높은 부재인 안테나 지주로 교환됐다 .

그 후 , 지상 아날로그 텔레비전 방송이 그해 7 월로 만료된 것을 이유로 이듬해인 헤이세이 24 년 (2012 년) 에 아날로그 송신 안테나의 철거를 시작했다 . 내진 개수 공사 때는 지상 306 미터의 기둥 저부에서 연식야 구공이 발견되어 미스터리한 뉴스로 꼽히기도 했다 .

또한 , 이에 더하여 특별전망대행 엘리베이터의 개수 공사도 실시됐고 , 헤이세이 24 년 (2012 년) 2 월에는 특별전망대의 영업을 중지했다 .

tower.12　2011－2012

平成23年（2011年）3月11日に宮城県牡鹿半島の東南東沖130キロメートルを震源とする東北地方太平洋沖地震が発生。マグニチュードは9.0。東京でも大きく揺れ、当日は交通網などが麻痺。写真は発生から1時間後、芝公園に避難してきた人々の様子。この時点ではまだ震災の全貌が把握しきれなかったためか、携帯端末などで情報を収集しているのがわかる。

東日本大震災発生直後、計画停電や節電などのため日本中が活気を失った。東京タワーでは大展望台（現在のメインデッキ）に様々なメッセージを映し出し、日本に元気を与え続けた。

tower.12　2011−2012

平成23年（2011年）4月11日から16日までの6日間限定で、大展望台（現在のメインデッキ）南東面に表示された“GANBARO NIPPON”の文字。太陽光発電による光のメッセージで、人々の心を勇気付けた。

平成23年（2011年）4月22日から5月10日まで展開された「ハートの光のメッセージ　～心をつなげよう～」。大展望台（現在のメインデッキ）全面にハートがあしらわれた。

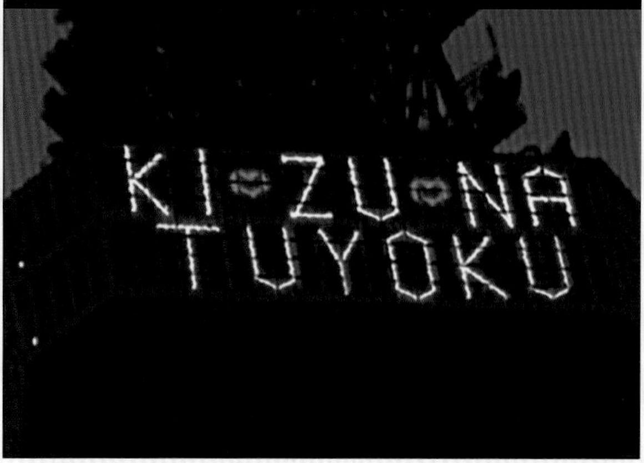

以降数年間、東日本大震災があった3月11日が訪れる度に光のメッセージを灯し続けた。上は平成24年（2012年）3月の「KIZUNA NIPPON（絆ニッポン）」。右中は平成25年（2013年）3月の「KIZUNA ARATANI（絆 新たに）」。右下は平成26年（2014年）3月の「KIZUNA TUYOKU（絆 強く）」。

平成23年（2011年）4月から9月までの毎月11日には、東京タワーで「チャリティキャンドルライブ“11 ～ひとつひとつ～”」を定例開催。被害にあわれた方への哀悼の意を、キャンドルで表すもの。多くの来場者が訪れ、義援金も多く集まった（写真は6月11日開催時のもの）。

東京タワー先端

ボールの謎に15の証言

支柱から野球のボールが見つかった東京タワー。奥中央の増上寺境内にはタワー建設当時、資材置き場があったとされる＝16日、東京都港区で、本社ヘリ「あさづる」から（坂本亜由理撮影）

東京タワー（二百三十二㍍、東京都港区芝公園）のてっぺんに近い支柱の中から見つかった古い軟式野球ボール。経緯は謎のままだが、タワーを運営する日本電波塔にこれまでに十五件の情報が電話やメールで寄せられた。このうち十件が「建設当時、近くの資材置き場周辺で野球をした」との情報だ。資材に紛れ込んだボールが高所に運び上げられたという説が有力？　（井上幸一）

日本電波塔によると、一九五八年に完成したタワーの建築工事中、隣接する増上寺の境内に建築資材が置かれていた。十件の情報は、かつて野球少年だった六十～七十歳代の男性から。

「子どものころ、芝公園で野球をした。そばに資材が置いてあった」

「あの辺で野球をしたことがある」

10件　建設中 近くで野球　有力？

「部活動で野球をした。ボールはいろんなところに飛んでいった」

いずれも近くで白球を追った記憶をたどった「証言」。ただ、ボールが支柱に入ったことを確認したような直接的な情報はなかった。

日本電波塔広報・マルチメディア部の沢田健課長によると、建設工事を担った竹中工務店は「資材は囲われていたはず」と首をかしげているという。沢田課長は「野球の情報が数多く出てきたので、さらに詳しく当時の資材の置かれた状況を調べてみたい」と興味深げだ。

今年7月、支柱の中から発見されたボール（矢印）＝日本電波塔提供

工具の振動止め　説も

このほか、提供された情報には「当時の作業員は鋼板をリベットでつなぐ際、リベットを抑える工具の振動を和らげるため、工具の持ち手側に野球のボールを付けていた」という大手建設会社からの指摘もあった。

ただ、この建設会社はタワーの工事に直接関わってはいない。日本電波塔は来週以降、この建設会社から話を聞く予定だ。

ボールは先月十日未明、耐震補強工事中の作業員がガスバーナーで高さ三百六㍍にある直径約三十七㌢の支柱を切断した際、その中から見つかった。ボールの一部が腐食して黒ずみ、穴が開いた状態だった。普段、人が近づく高さではない上、支柱は密封されていたことから、半世紀以上前の建設工事の際のボールと推測されている。

平成24年（2012年）には地上アナログテレビ放送が前年で終了したことを受け、東京タワーではアナログ送信アンテナを撤去。さらに耐震改修工事を行ったが、その際、地上306メートルのアンテナ支柱底部から軟式野球ボールが発見された。上は同年8月16日の『東京新聞』（夕刊）。一面でこのニュースを取り上げている。その際に発掘された軟式ボール（右）は今も東京タワーで展示されている。

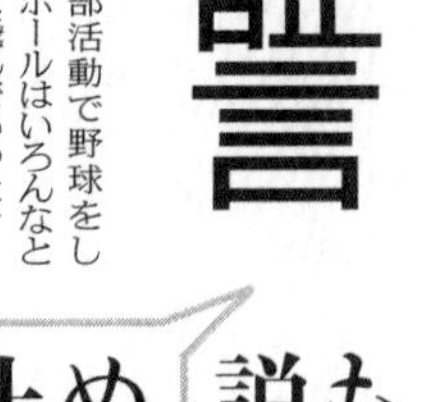

tower.13
平成25年〜平成27年
2013

日本復興
2015

tower.13

2013–2015

平成25年～平成27年

アナログテレビ放送終了で空いた333メートルの頂上部にTOKYO FMの送信用アンテナを新設・移転し、供用の開始から始まった平成25年（2013年）だが、東京タワーは来訪者が1億7千万人を突破。その存在感から国の登録有形文化財にも指定され、改めて東京および日本における重要な建造物の一つとなった。

また、平成27年（2015年）には、フットタウン内に人気アニメ『ワンピース』の世界を体験できるアミューズメント施設『東京ワンピースタワー』がオープンし、世界中から多くの『ワンピース』ファンが集まった。

ところでこの時代の日本全体を振り返れば、平成26年（2014年）には消費税が8パーセントに引き上げられたり、翌平成28年（2016年）にはマイナンバー法が施行されたりと、やはり目まぐるしく変わっていったが、来たる令和2年（2020年）に第32回オリンピックが東京で開催されることが決定したのもこの時代。このオリンピックに伴って、東京中の新たなインフラ整備が進んでいくことになる。

他方、世界に目を移すと同じく平成27年（2015年）にパリで同時多発テロが発生。死者130名、負傷者3百名以上の被害が発生した、この事件への哀悼の意味を込めて、東京タワーはフランス国旗であるトリコロールカラーにライトアップ。日本からのパリへの思いを表現し、東京タワーそのものが、日本国内だけでなく世界への発信の場としても知られるようになった。

The cessation of analog terrestrial television broadcasting made room at the ridge, which is located at a height of 333m. There, the transmission antenna for the broadcasting of radio station TOKYO FM was newly installed and started its service in early 2013. In the same year, TOKYO TOWER welcomed 170 millionth visitor. Also, TOKYO TOWER was designated by Japanese government as a registered tangible cultural property. It means that TOKYO TOWER became once again recognized as a significant architectural structure for Tokyo and Japan.

Also, in 2015, “Tokyo One Piece Tower” was opened at FootTown. The amusement facility features the world of popular animation “One Piece”, gathering many “One Piece” fans all over the world.

By the way, Japan had, all the same, faced a dizzying pace of change during this period. In 2014, rate of consumption tax was raised from 5% to 8%. In 2015, “My Number Act” entered into force, which stipulates the allocation of social security and tax number to the individual. In the same year, Tokyo was named as the host city of the 32nd Olympic Games in 2020. In the wake of it, new infrastructure construction had accelerated in Tokyo.

On the other hand, a series of terrorist attacks happened in Paris in 2015, costing 130 lives and injuring more than 300 people. TOKYO TOWER extended its condolence by the lighting in Tricolor after the coloring of French flag. By expressing sympathy from Japan to Paris, TOKYO TOWER has become known as the place of expressing messages to Japan and the world.

平在模拟电视广播结束后，新安装了 TOKYO FM 发射天线，将其重新放置在 333m 处空闲空间的顶部，并于平成 25 年（2013 年）开始运营。但是东京塔的游客数突破了 1.7 亿。由于它的存在感，它也被指定为该国的注册有形文化财产，并海贼王再次成为东京和日本的重要建筑之一。

此外，平成 27 年（2015 年），在 FOOT TOWN 开设了能够体验人气动漫“海贼王”世界的娱乐设施“东京航海王塔”，吸引了来自世界各地的众多“海贼王”粉丝。

纵观这个时代的整个日本，平成 26 年（2014 年）消费税上调至 8%，次年平成 27 年（2015 年）实施个人编号卡法，确实是发生了翻天覆地的变化。正是在这个时代，即将到来的令和 2 年（2020 年）第 32 届奥运会被决定在东京举行。随着这次奥运会的举办，将对整个东京的新基础设施进行改进。

另一方面，如果我们放眼世界，同样是平成 27 年（2015 年）在巴黎同时发生了多起恐怖袭击，造成 130 人死亡和 300 多人受伤。 为了表达对这件事沉重的哀悼，东京塔上点亮了法国的三色国旗。在表达日本对巴黎的同情的同时，东京塔本身已成为众所周知的交流场所，不仅在日本而且还在全世界。

在模擬電視廣播結束後，新安裝了 TOKYO FM 發射天線，將其重新放置在 333m 處空閒空間的頂部，並於平成 25 年（2013 年）開始運營，但是東京塔的遊客數突破了 1.7 億。由於它的存在感，它也被指定為該國的註冊有形文化財產，並再次成為東京和日本的重要建築之一。

此外，平成 27 年（2015 年）在 FOOT TOWN 開設了能夠體驗人氣動漫“海賊王”世界的娛樂設施“東京航海王塔”，吸引了來自世界各地的眾多“海賊王”粉絲。

綜觀這個時代的整個日本，平成 26 年（2014 年）消費稅上調至 8%，

次年平成 27 年（2015 年）實施個人編號卡法，確實是發生了翻天覆地的變化，正是在這個時代，即將到來的令和 2 年(2020 年）第 32 屆奧運會被定為在東京舉行。隨著這次奧運會的舉辦，將對整個東京的基礎設施進行新的改進。

另一方面，如果我們放眼世界，同樣是平成 27 年（2015 年）在巴黎同時發生了多起恐怖襲擊，造成 130 死亡和 300 多人受傷。為了表達對這件事的沈痛哀悼，東京塔上點亮了法國的三色國旗。在表達日本對巴黎的同情的同時，東京塔本身已經成為眾所周知的交流場所，不僅在日本而且還在全世界。

아날로그 텔레비전 방송이 종료되며 비게 된 333 미터의 정상부에 TOKYO FM 의 송신용 안테나를 신설, 이전하여 공용 개시로 시작한 헤이세이 25 년 (2013 년), 도쿄 타워에는 방문객이 1 억 7,000 만 명을 돌파하게 된다 . 그 존재감 덕에 국가등록 유형문화재로 지정되면서 새삼 도쿄 및 일본의 중요 건조물 중 하나가 됐다 .

또한, 헤이세이 27 년 (2015 년) 에는 풋 타운 안에 인기 애니메이션『원피스』의 세계를 체험할 수 있는 놀이 시설 '도쿄 원피스 타워' 가 문을 열었고 , 전 세계에서 많은『원피스』팬이 모여들었다 .

한편 , 이 시대의 일본 전체로 눈을 돌리면 헤이세이 26 년 (2014 년) 에는 소비세가 8 퍼센트로 인상됐고, 다음 해인 헤이세이 27 년 (2015 년) 에는 마이넘버법이 시행되는 등 역시 시대가 빠르게 바뀌었으며 , 다가오는 레이와 2 년 (2020 년) 에 제 32 회 올림픽을 도쿄에서 개최하기로 결정된 것도 이 시대다 . 이 올림픽을 앞두고 도쿄에는 새로운 인프라 정비가 진행되게 된다 .

한편 , 세계로 눈을 돌리면 같은 해인 헤이세이 27 년 (2015 년) 에 파리에서 동시다발 테러가 발생했다 . 사망자 130 명 , 부상자 300 명 이상의 피해가 발생한 이 사건에 대한 애도의 마음을 담아 도쿄 타워는 프랑스 국기인 트리콜로르 컬러로 라이트업했다 . 일본이 파리를 생각하는 마음을 표현함으로써 도쿄 타워 그 자체가 일본 국내뿐만 아니라 세계로의 발신 장소로도 알려지게 됐다 .

그 후 , 지상 아날로그 텔레비전 방송이 그해 7 월로 만료된 것을 이유로 이듬해인 헤이세이 24 년 (2012 년) 에 아날로그 송신 안테나의 철거를 시작했다 . 내진 개수 공사 때는 지상 306 미터의 기둥 저부에서 연식야 구공이 발견되어 미스터리한 뉴스로 꼽히기도 했다 .

또한 , 이에 더하여 특별전망대행 엘리베이터의 개수 공사도 실시됐고 , 헤이세이 24 년 (2012 년) 2 월에는 특별전망대의 영업을 중지했다 .

tower.13 2013–2015

上は平成25年（2013年）1～3月まで、開業55周年を記念して開催された「GRAND HEART 2013」の様子。GRAND HEARTと呼ばれる大きなハート型の台に55名の著名人によるメッセージが書き込まれたタワー型オブジェを55台設置。震災から2年になる年でもあり、来塔者はこの展示を見つめながら、被災地支援に思いを馳せた。下は同年3月6日、2020年東京オリンピック・パラリンピック招致プロモーションの一環で、大展望台（現在のメインデッキ）に表示された“2020”の窓文字。IOC評価委員会による視察が行われていた時期でもあり、東京タワーも積極的に招致活動に協力した。

開業から55年目、平成25年（2013年）6月28日には1億7千万人目の来塔者が訪れた。近くのホテルに宿泊中の方々で、ふと立ち寄った東京タワーでの思いがけないサプライズに、満面の笑みを浮かべていた。

tower.13 2013–2015

平成25年（2013年）9月7日、ブエノスアイレスで開かれた第125次IOC 総会で2020年オリンピック・パラリンピックの開催都市が東京に選ばれた。これを機に東京中の様々な施設やインフラのリニューアル工事が始まり、国立競技場の解体工事も平成26年（2014年）よりスタートした。後方の東京タワーが、その様子を見つめるかのように佇んでいる。

平成25年（2013年）11月には、「女性に対する暴力をなくす運動」に東京タワーが賛同。スタッフが運動のシンボルであるパープルリボンのバッチをつけて職務を行ったほか、東京タワーをパープルにライトアップ。点灯式には政府閣僚のほか、関係者が出席した。

tower.13　2013−2015

平成26年(2014年)1月には特定個人情報保護委員会が内閣府の外局に設置。本格的にマイナンバー制度がスタートした平成28年（2016年）までの準備や整備に追われた。

平成26年(2014年)12月に大展望台（現在のメインデッキ）で投映がスタートした世界初の「夜景に映し出すプロジェクションマッピング」。大きな話題となり、約3ヶ月の会期中におよそ10万人の動員を記録した。

平成27年（2015年）には東京タワーの大展望台（現在のメインデッキ）にタワー型のオリジナル郵便ポストが登場。このポストに投函すると、東京タワーと増上寺がデザインされた風景入日付印が押印される仕組み。これ以降、展望台売店のポストカードと切手の売上が大きく増加した。

tower.13　2013−2015

平成27年（2015年）7月1日、厚生労働省が主催となり、児童相談所共通ダイヤル“189番”の訴求プロモーションを展開。その一環で東京タワーの大展望台（現在のメインデッキ）に“189”が表示された。全国6都市（札幌、東京、横浜、名古屋、京都、神戸）のタワーがオレンジ色にライトアップされ、大きな話題となった。

平成27年（2015年）11月15日、前日にフランス・パリで発生した同時多発テロの犠牲者追悼のため、東京タワーがトリコロールカラー（青・白・赤）にライトアップされた。

tower.14

平成28年～令和元年

2016–

2019

tower.14

2016–2019

平成28年～令和元年

依然、令和２年（2020年）に開催される東京オリンピック・パラリンピックの話題が多かったこの時代だが、さらなる未来の東京タワーを目指し、平成30年（2018年）には特別展望台（250メートル）を“トップデッキ”、大展望台（150メートル）を“メインデッキ”と改称。このリニューアルによって特にトップデッキ、メインデッキは東京中を展望できるという従来の楽しみ方だけでなく、細部に渡って楽しみを見つけられるよう、様々な創意工夫が施された。

開業60周年にあたる同年12月23日には運営会社名が日本電波塔株式会社から、株式会社東京タワーへと変更され、さらに翌令和元年（2019年）10月1日に株式会社 TOKYO TOWERとなり、11月７日から令和の新ライトアップ「インフィニティ・ダイヤモンドヴェール」の点灯がスタートした。世界中から来塔者を迎え、東京タワーに外国人が多く訪れるようになった時代でもあり、全体の来訪者数のうち、約４割近くが外国人来塔者という状況も、このような新機軸を打ち出した理由の一つだったようだ。

ところで、2019年は５月１日より、日本政府によって平成から令和へと元号が改められるという日本にとって大事な年でもあった。

“令和”とは、日本最古の歌集である『万葉集』を典拠とし、歌人の大伴旅人の文章から引用されたようだが、元号の典拠が日本古典となるのは初であり、安倍晋三首相は談話で「日本の国柄をしっかりと次の時代へと引き継ぎ、日本人がそれぞれの花を大きく咲かせることができる日本でありたいとの願いを込めた」と説明した。新時代へと突入した日本。

その時代の変化に呼応するように、東京タワーもさらなる新機軸を打ち出した時代だったと言って良いだろう。

While people held high expectations for the 2020 Olympic Games, TOKYO TOWER started to look ahead to the future beyond it. In 2018, TOKYO TOWER renamed Special Observatory, located at a height of 250m, and Main Observatory, at a height of 150m, into "Top Deck" and "Main Deck" respectively. Through the renewal, various originalities and ingenuities were introduced so that visitors could find the ways to have fun at both Decks to detail, in addition to the existing way of having fun with seeing a view of Tokyo.

When TOKYO TOWER celebrated its 60th anniversary on December 23, 2018, the name of the operating company was changed from Nippon Television City Corporation to TOKYO TOWER Co, Ltd. Also, new lighting-up "Infinity Diamond Veil" was started on November 7, 2019. Around this time, TOKYO TOWER started to prepare for welcoming visitors from around the world, and many inbound tourists started to visit the tower. As a result, foreign visitors accounted for about 40% of the entire visitors. That is why TOKYO TOWER decided to make a new departure.

By the way, 2019 was a very important year for Japan as Japanese government changed the name of Japanese era from Heisei and Reiwa, starting on May 1, 2019.

Reiwa, whose official English-language interpretation is "beautiful harmony", is based on the text written by Otomo no Tabito, a waka poet who lived in the seventh and the eighth centuries, in Man-yoshu (The Anthology of Myriad Leaves), the oldest anthology in Japan published in the 8th century. This is the first time that the name of Japanese era is taken from wording in a Japanese classic literature since the one in a Chinese classic literature had been used before. Prime Minister Shinzo Abe said in his statement that he decided on Reiwa with the hope that "we will pass down national characteristics of Japan (history from time immemorial, highly respectable culture, and natural beauty unique to each of our four seasons) firmly to the next era" and "all Japanese will be able to make their own blossoms come into full bloom". In both name and reality, Japan has entered a new era.

It is safe to say that TOKYO TOWER has decided to make a new departure any further in response to the change of era.

在这个时代，关于 2020 年东京奥运会和残奥会的话题仍然很多，但是为了进一步发展东京塔，平成 30 年（2018 年）特别观景台（250 米）更名为 Top deck，大观景台（150m）更名为 Main deck。通过这次更新，特别是 Top deck、Main deck，不仅可以享受眺望整个东京的传统乐趣，还在为了从细节上找到乐趣下了各种的创意功夫。

营业 60 周年同年 12 月 23 日，营业公司名称由日本电波塔株式会社更改为株式会社东京塔，并于令和元年（2019 年）10 月 1 日，变为株式会社 TOKYO TOWER，11 月 7 日，令和的新照明灯光"无限 & 钻石亮灯"开始点亮了。也是欢迎来自世界各地的游客来访问东京塔的时代，所有来访观光游客人数中，外国游客占总人数的近 40%，这似乎是发起这种创新的原因之一。

此外，2019 年对于日本来说也是重要的一年，日本政府从 5 月 1 日起将其年号从平成改为令和。

"令和"是来源于日本最古老的歌集《万叶集》中，似乎是从诗人大伴旅人的文字中引用的，日本年号出自日本古典典故虽然这是头一回，安倍晋三首相在一份声明中解释说"我们将日本民族推向了一个新纪元，并希望日本成为日本人民可以百花齐放的国家。日本进入了一个新时代。

可以说，东京塔也是一个响应时代变化而进一步创新的时代。

在這個時代，關於 2020 年東京奧運會和殘奧會的話題仍然很多，但是為了進一步發展東京塔，平成 30 年（2018 年）特別觀景台（250 米）更名為 Top deck，大觀景台（150 米）更名為 Main deck。通過這次更名，特別是 Top deck、Main deck，不僅可以享受眺望整個東京的傳統樂趣，孩子啊為了從細節上找到樂趣下了各種的創意功夫。

營業 60 週年同同年 12 月 23 日，營業公司名稱由日本電波塔株式會社更改為株式會社東京塔，並於令和元年（2019 年）10 月 1 日，變為株式會社 TOKYO TOWER，11 月 7 日，令和的新燈飾"无限 & 钻石照明"開始點亮了。這也是來自世界各地的遊客來訪東京塔的時代，所有來訪觀光遊客人數中，外國遊客占總人數的近 40%，這似乎是發起這種創新的原因之一。

此外，2019 年對於日本來說也是重要的一年，日本政府從 5 月 1 日奇將其年號從平成該為令和。

"令和"是來源於日本最古老的歌集《萬葉集》中，似乎是從詩人大伴旅人的文字中引用的，日本年號出自日本古典典故雖然這是頭一回，安倍晉三首相在一份聲明中解釋說"我們將日本民族推向了一個新紀元，並希望日本成為日本人民可以百花齊放的國家"。日本進入了一個嶄新的時代。

可以說，東京塔也是一個響應時代變化而進一步創新的時代。

여전히 레이와 2 년 (2020 년) 에 개최되는 도쿄 올림픽 · 패럴림픽에 관한 화제가 많았던 이 시대지만 , 새롭게 다가오는 미래의 도쿄 타워를 목표로 헤이세이 30 년 (2018 년) 에는 특별전망대 (250 미터) 를 'TOP DECK' 로 , 대전망대 (150 미터) 를 'MAIN DECK' 로 개칭했다 . 이 리뉴얼에 의해 특히 TOP DECK, MAIN DECK 에서는 기존처럼 도쿄 전체를 둘러볼 수 있을 뿐 아니라 , 세밀한 디테일에서도 즐거움을 찾을 수 있도록 다양한 창의적인 방식이 도입됐다 .

개업 60 주년에 해당하는 같은 해 12 월 23 일에는 운영 회사명이 일본전파탑 주식회사에서 주식회사 도쿄 타워로 , 나아가 레이와 원년 (2019 년) 10 월 1 일에 주식회사 TOKYO TOWER 로 바뀌었고 , 11 월 7 일부터 레이와의 신 라이트업 ' 인피니티 다이아몬드 베일 ' 점등이 시작됐다 . 전 세계에서 온 방문객을 맞이하여 도쿄 타워에 외국인 관광객이 많이 찾게 된 시대이기도 하며 , 전체 방문객 중 약 4 할에 가까운 수가 외국인 관광객이라는 상황도 이런 신기축을 열게 된 이유 중 하나라 할 수 있다 .

한편 , 2019 년은 5 월 1 일부터 일본 정부에 의해 헤이세이로부터 레이와로 연호가 달라진다는 , 일본에 있어 큰 의미를 지니는 해이기도 했다 . ' 레이와 ' 란 일본 최고의 가집인『만엽집』을 출전으로 하며 , 가인 오토모노 다비토의 글에서 인용됐다 . 일본의 고전에서 연호를 따 온 것은 이번이 처음이며 , 아베 신조 총리는 담화에서 ' 일본이라는 나라의 특징을 제대로 다음 시대로 계승하고 , 국민이 각자의 꽃을 크게 피울 수 있는 일본이 되었으면 한다는 소원을 담았다 ' 라고 설명했다 .

이렇게 일본은 새로운 시대로 돌입하게 됐고 , 그 시대의 변화에 호응하듯 도쿄 타워 또한 새로운 신기축을 연 시대라고 말할 수 있을 것이다 .

tower.14　2016－2019

上は平成28年（2016年）1月のスナップ。東京タワーでは毎年成人の日に、港区の新成人を大展望台（現在のメインデッキ）まで無料招待している。左下は平成29年（2017年）に発行された「日本の建築シリーズ　第2集」の特殊切手。これまで東京タワーをモチーフにした切手は日本および世界各国で複数発行されたが、本切手は国立印刷局独自のグラビア凸版印刷という手法で製造された。右下は平成30年（2018年）に東京タワーの開業60周年を記念して造幣局より販売された記念貨幣セット。購入希望者が殺到し、申し込み時点で1万2千セットが完売した。

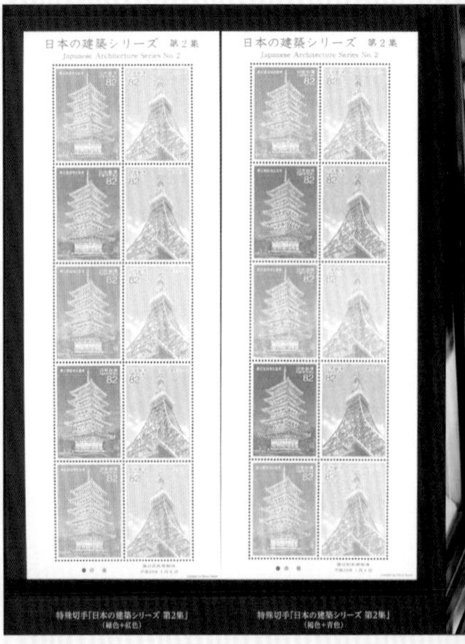

平成17年（2005年）より毎年恒例となっている東京タワーの天の川イルミネーション。写真は平成28年（2016年）のもの。大展望台（現在のメインデッキ）に飾られた青色LEDが窓に映り込み、東京夜景と混じり合う幻想的な空間を演出。外階段の中にもイルミネーションが施され、夜間の外階段利用者が増加した。

tower.14　2016−2019

平成29年（2017年）10月22～23日、超大型の台風21号が東京を通過。23日の8時頃には茨城県沖に抜けた。上は台風一過で澄んだ空気の中、東京タワー大展望台（現在のメインデッキ）から望む夕景。

平成30年（2018年）1月12日、東京で初雪が観測された。しんしんと降り続く雪をまとう東京タワー。

tower.14 2016–2019

平成30年（2018年）は東京タワー開業60周年イヤー。写真は12月21日から開業記念日の23日まで、3日間に渡り点灯されたKANREKI LEDライトアップ。赤いダイヤモンドヴェールに加え、赤色サーチライトを照射し、メインデッキ南面に“60”の窓文字を表示した。

tower.14　2016–2019

上は平成30年（2018年）開業60周年を記念し、塔脚下に作られた記念ガーデニング。下は正月恒例のちんどん屋パフォーマンス。60周年イヤーのスタートを盛大に盛り上げた。

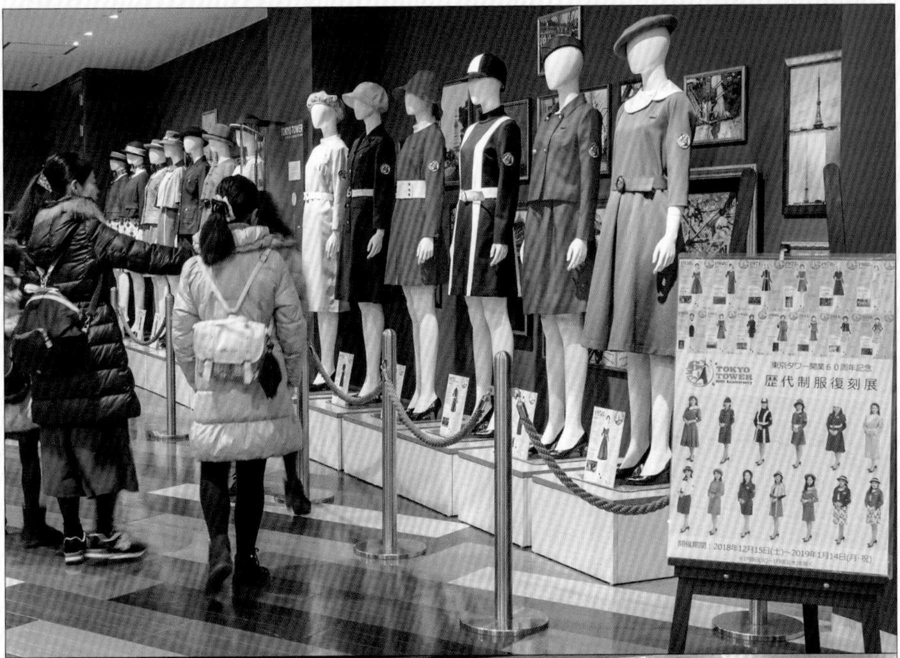

平成30年（2018年）12月23日（東京タワー開業記念日）、正面玄関前で60周年記念イベントが開催された。ライブやトークショーの他、東京タワーの歴代制服を紹介するファッションショーが開催され、現役のアテンダントたちがモデルとなり、初代制服を含め、計13着の制服に身を包んだ。

平成30年（2018年）3月３日、体験型展望ツアー「トップデッキツアー」がスタート。事前予約制で、付加価値の高い展望ツアーとして、世界中の来塔者をお迎えした。この日から特別展望台は“トップデッキ”、大展望台は“メインデッキ”と名称を変えた。

メインデッキに到着するエレベーター。リニューアル後は従来よりも照明を抑え、あえて暗くしている。このことで、メインデッキへと広がる光との出会いがより感動的なものになった。

tower.14 2016–2019

令和元年(2019年)9月、トップデッキに続きメインデッキもリニューアルオープン。開業以来初めて、窓枠サッシや窓ガラスを全面交換し、よりワイドな眺望が楽しめるようになった。他にも「スカイウォークウィンドウ」の増設、新設した「ギミックデザインの床」等、エンタメ要素を増やした他、改装した「club333」は、クローズドイベントにも対応できる多目的スペースに進化した。

トップデッキツアーの目的地「トップデッキ」も大幅リニューアル。アーティスト・KAZU SHIRANE氏の意匠によるジオメトリックミラーに囲まれた空間は、日々進化する東京の風景を映し出し、インタラクティブで未来感溢れる展望台となった。夜間はLED照明と東京夜景がミラーに映り込み、更に幻想的な雰囲気を演出する。また、トップデッキには世界で活躍するマスター調香師クリストフ・ラウダミエル氏による香りの演出を追加。東京タワーオリジナルのエアアロマが誕生した。

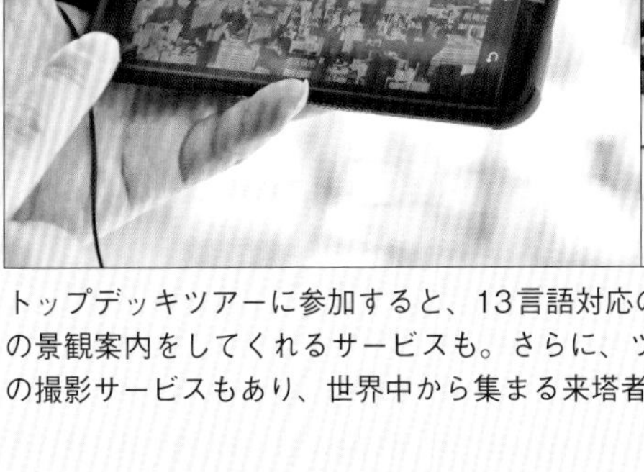

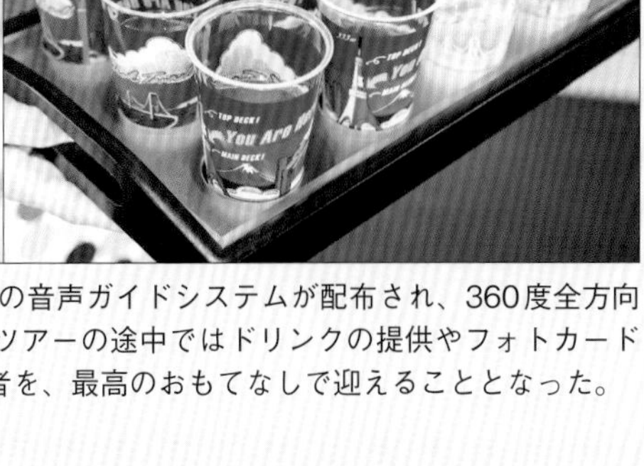

トップデッキツアーに参加すると、13言語対応の音声ガイドシステムが配布され、360度全方向の景観案内をしてくれるサービスも。さらに、ツアーの途中ではドリンクの提供やフォトカードの撮影サービスもあり、世界中から集まる来塔者を、最高のおもてなしで迎えることとなった。

tower.14　2016–2019

昭和33年（1958年）に開業した東京タワーは芝公園の地から、昭和の東京を30年、平成の東京を30年見つめ続けてきたが、平成31年（2019年）5月には、3つ目の時代となる「令和」を迎えることとなった。

tower.14 2016−2019

上は令和元年（2019年）５月、裏千家前家元・鵬雲斎千玄室氏が来塔された際の様子。前田伸現社長および東京タワー史料室の室長であり、日仏茶道交流会の代表でもある森宗勇が案内を行った。下は同年５月に行われた「東京タワーで浴衣体験」の様子。東京オリンピック・パラリンピックを控え、増加する外国人観光客に向け、日本文化を気軽に体験できる企画として人気となった。

令和元年(2019年)11月7日に誕生した令和の新ライトアップ、インフィニティ・ダイヤモンドヴェール。11月9日と10日の2日間は、祝賀御列の儀を祝し、「天皇陛下御即位 奉祝ライトアップ」を点灯。古来からお祝いの時に飾られる五色幔幕をイメージし5色に輝いた。

tower.15

令和2年

2020

tower.15

2020

令和2年

令和元年（2019年）11月に中国武漢において発生が確認された新型コロナウィルスは、人に対する病原性があり、急性呼吸器疾患を巻き起こすものとして、翌令和2年（2020年）初頭より世界中で感染が拡大。日本でも多数の感染者、死亡者が確認されたことを受け、混乱を招いた。感染は世界中に拡大し、結果的に、予定されていた東京オリンピック・パラリンピックは延期することとなった。

このように東京および日本における60年の変遷は、必ずしも順風満帆だったわけではなく、ときに様々な困難に直面することもあった。

他方、開業から62年もの月日が経過した東京タワーではあるが、ここまでの長きに渡り東京のシンボルであり続け、さらに昭和、平成、令和へと目まぐるしく変わっていった日本を、静かに見つめ続けた稀有な建造物と言ってよいかもしれない。また、鉄塔という意味での東京タワーは、今日では世界中でもよく知られており、これから先の未来にも受け継いでいくべき大きな意義のある建造物でもあると言って良いだろう。

これから先の未来にも、東京タワーの存在とその明かりが、東京および日本の景色を照らし続けてくれることを願うばかりである。

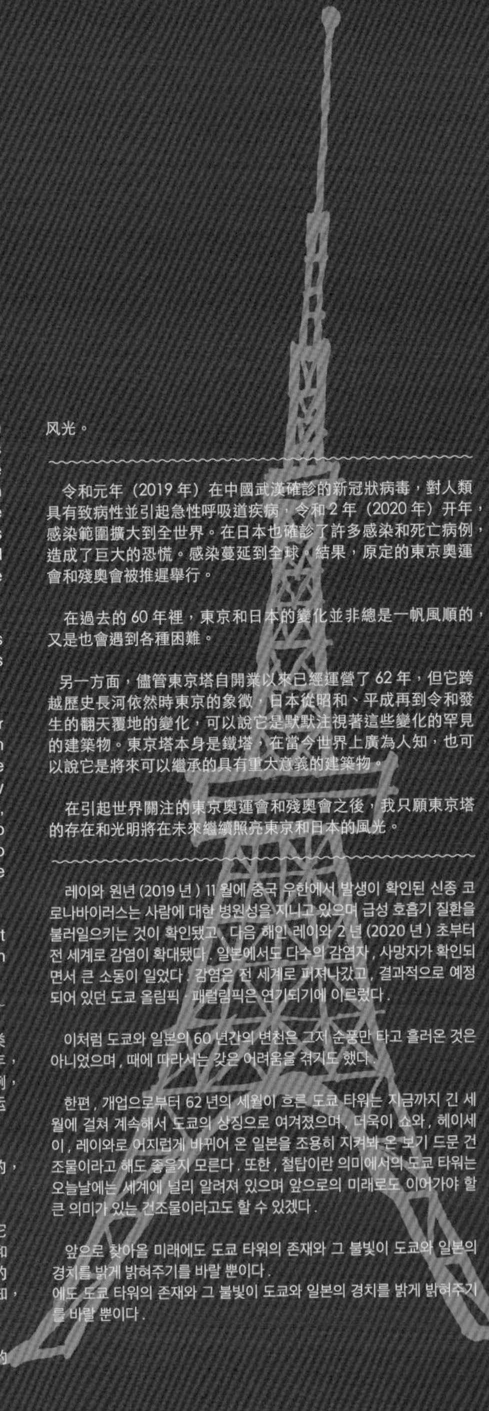

In November 2019, a novel coronavirus was found in Wuhan, China. The virus, later named as "COVID-19", is of high pathogenicity against humans and brings on acute respiratory disease. It started to spread to the world in early 2020. Japanese people got panics as many people were infected with it and some of them lost their lives. As the virus turned into the global pandemic, it was decided that the scheduled Olympic and Paralympic Games were postponed.

Tokyo and Japan have not always had problem-free times for the last 60 years and sometimes encountered various difficulties.

Meanwhile, since it was opened 62 years ago, Tokyo Tower has long been a symbol of Tokyo. It may be no exaggeration to say that Tokyo Tower is a rare architectural structure which has quietly watched over how Japan has dizzyingly changed in the transition of Japanese eras from Showa, Heisei to Reiwa. Also, Tokyo Tower as a steel tower is so widely known for all over the world today that it is safe to say that Tokyo Tower is a significant architectural structure which should be passed down to the future.

We do hope that the presence of Tokyo Tower and its light will continue to illuminate the scenery of Tokyo and Japan in the future.

令和元年（2019 年）在中国武汉确诊的新冠状病毒，对人类具有致病性并引起急性呼吸道疾病，令和 2 年（2020 年）开年，感染范围扩大到全世界。 在日本也确诊了许多感染和死亡病例，造成了巨大的恐慌。感染蔓延到全球。 结果，原定的东京奥运会和残奥会被推迟举行。

在过去的 60 年里，东京和日本的变化并非总是一帆风顺的，有时也会遇到各种困难。

另一方面，尽管东京塔自开业以来已经运营了 62 年，但它跨越历史长河依然是东京的象征，日本从昭和、平成再到令和发生的翻天覆地的变化的可以说它是默默地见证着这些变化的罕见的建筑物。东京塔本身是铁塔，在当今世界上都广为人知，也可以说它是将来可以继承的具有重大意义的建筑物。

我只愿东京塔的存在和光明将在未来继续照亮东京和日本的风光。

令和元年（2019 年）在中國武漢確診的新冠狀病毒，對人類具有致病性並引起急性呼吸道疾病，令和 2 年（2020 年）开年，感染範圍擴大到全世界。在日本也確診了許多感染和死亡病例，造成了巨大的恐慌。感染蔓延到全球。結果，原定的東京奧運會和殘奧會被推遲舉行。

在過去的 60 年裡，東京和日本的變化並非總是一帆風順的，又是也會遇到各種困難。

另一方面，儘管東京塔自開業以來已經運營了 62 年，但它跨越歷史長河依然時東京的象徵，日本從昭和、平成再到令和發生的翻天覆地的變化，可以說它是默默注視著這些變化的罕見的建築物。東京塔本身是鐵塔，在當今世界上廣為人知，也可以說它是將來可以繼承的具有重大意義的建築物。

在引起世界關注的東京奧運會和殘奧會之後，我只願東京塔的存在和光明將在未來繼續照亮東京和日本的風光。

레이와 원년 (2019 년) 11 월에 중국 우한에서 발생이 확인된 신종 코로나바이러스는 사람에 대한 병원성을 지니고 있으며 급성 호흡기 질환을 불러일으키는 것이 확인됐고 , 다음 해인 레이와 2 년 (2020 년) 초부터 전 세계로 감염이 확대됐다 . 일본에서도 다수의 감염자 , 사망자가 확인되면서 큰 소동이 일었다 . 감염은 전 세계로 퍼져나갔고 , 결과적으로 예정되어 있던 도쿄 올림픽 · 패럴림픽은 연기되기에 이르렀다 .

이처럼 도쿄와 일본의 60 년간의 변천은 그저 순풍만 타고 흘러온 것은 아니었으며 , 때에 따라서는 갖은 어려움을 겪기도 했다 .

한편 , 개업으로부터 62 년의 세월이 흐른 도쿄 타워는 지금까지 긴 세월에 걸쳐 계속해서 도쿄의 상징으로 여겨졌으며 , 더욱이 쇼와 , 헤이세이 , 레이와로 어지럽게 바뀌어 온 일본을 조용히 지켜봐 온 보기 드문 건조물이라고 해도 좋을지 모른다 . 또한 , 철탑이란 의미에서의 도쿄 타워는 오늘날에는 세계에 널리 알려져 있으며 앞으로의 미래로도 이어가야 할 큰 의미가 있는 건조물이라고도 할 수 있겠다 .

앞으로 찾아올 미래에도 도쿄 타워의 존재와 그 불빛이 도쿄와 일본의 경치를 밝게 밝혀주기를 바랄 뿐이다 .
에도 도쿄 타워의 존재와 그 불빛이 도쿄와 일본의 경치를 밝게 밝혀주기를 바랄 뿐이다 .

tower.15 2020

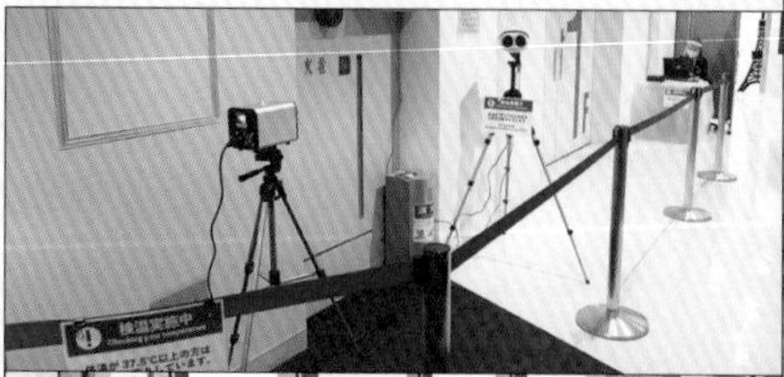

令和元年（2019年）に発生が確認された新型コロナウィルスは、翌年令和2年（2020年）より世界中に拡散し健康被害はもちろん、経済にも甚大な被害をもたらすこととなった。日本でも3月より（一部を除く）小中高の全校の休校を実施した他、各地で外出自粛などが呼び掛けられた。東京タワーでは営業期間中、感染防止に努め、社員のマスク着用はもちろん、来塔者への検温、抗菌抗ウイルス塗装などの対策を講じた。

ただし、日本国内への入国制限が実施するまでの間は、依然メインデッキ、トップデッキは外国人旅行者で賑わっていた。

令和2年（2020年）3月、開業以来初となるエクステリア美装工事が完了。塔体撮影用のフォトスポット、憩いのデッキベンチ、四季を感じる事ができる緑化型アートフェンス等を新設した。東側にはタクシー乗り場も整備され、世界から訪れる来塔者に、より利便性の高いサービスと、心地よい空間を提供する施設に進化した。

tower.15　2020

右は令和2年（2020年）のエクステリア美装工事で新設置された「333mの記憶」というモニュメント。昭和33年（1958年）10月14日に東京タワー最頂部に設置された実物のスーパーターンスタイルアンテナの一部で、平成23年（2011年）にアナログ放送が終了するまでの約52年間にわたり、東京上空333mから関東一円に1日も休まず放送波を送信し続けた。60年以上、この場所で変わらず東京を見守ってきた東京タワー。これから先の未来も多くの日本人の心のランドマークであり続けることだろう。

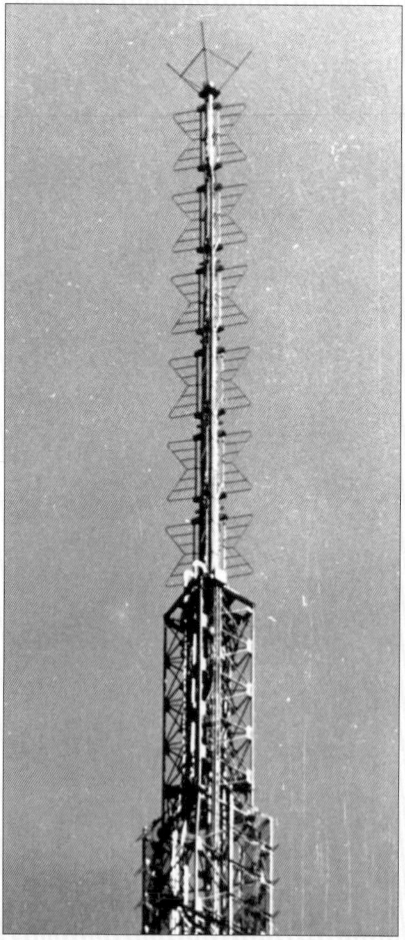

東京タワーであいましょう
前田伸
株式会社TOKYO TOWER
代表取締役
We are looking forward to meeting you at TOKYO TOWER
让我们一起相约在京塔吧
讓我們一起相約在東京塔吧
도쿄 타워에서 만나요

TOKYO TOWER 33のトリビア

本書では東京タワーおよび東京の変遷を紹介したが、より深く東京タワーの秘密を知っていただくため付録として33の東京タワーのトリビアをご紹介。これを読めば東京タワー通になれるはず。

02 東京タワーの建築費は、約30億円（当時）！

東京タワーの建築費は当時の金額で約30億円。完成までに工事に携わった人は述べ21万9千335人。費用、人数どちらを見ても、まさに〝世紀の大事業〟だったことがうかがえる。

03 建設のパワーの源は、京都のお寺にあった！

東京タワー建設の計画を耳にした前田久吉の頭にまず浮かんだのは、京都・東寺の五重塔だった。過去に雷火や不審火で4回焼失した五重塔は、寛永18年（1641年）に徳川家光が再建し、その高さは57メートルで現存する木造塔の中で最高の高さである。「昔でこの高さの塔が出来るのだから、現在の技術では300余メートルの塔を建てることは可能である」と、東京タワー実現の指揮をとった前田久吉はこの塔の存在が自信と決意を与えてくれたと語っている。

01 さらに50メートルほど高く作られるはずだった！

東京タワーの設計と管理を手掛けた日建設計と内藤多仲。パソコンはもちろん、電卓すら存在しない時代に計算尺を使って緻密な計算をし、タワーの設計図を作ったというが、実は当初東京タワーは現在の333メートルよりもさらに50メートルほど高い、380メートルで建設するプランがあった。

しかし、建設会議を重ねた結果、最終的に333メートルに変更。その際、大半の設計図を書き直すことになり、結果的に日建設計と内藤多仲が作成した設計図は1万枚あまりにも及んだという。ちなみに、パリのエッフェル塔の建設時の設計図は5300枚ほどだったようだ。

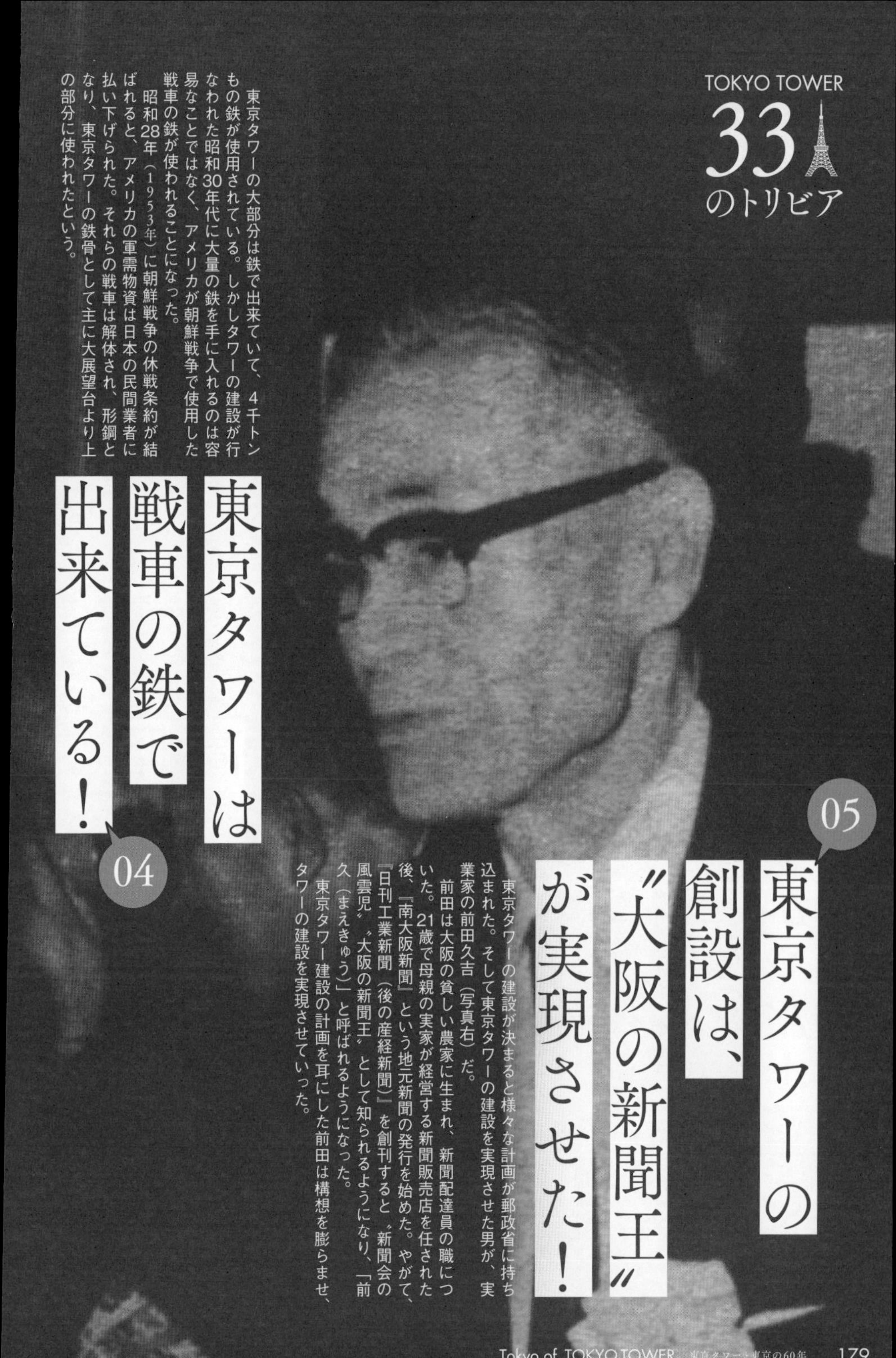

04 東京タワーは戦車の鉄で出来ている！

東京タワーの大部分は鉄で出来ていて、4千トンもの鉄が使用されている。しかしタワーの建設が行なわれた昭和30年代に大量の鉄を手に入れるのは容易なことではなく、アメリカが朝鮮戦争で使用した戦車の鉄が使われることになった。

昭和28年（1953年）に朝鮮戦争の休戦条約が結ばれると、アメリカの軍需物資は日本の民間業者に払い下げられた。それらの戦車は解体され、形鋼となり、東京タワーの鉄骨として主に大展望台より上の部分に使われたという。

05 東京タワーの創設は、〝大阪の新聞王〟が実現させた！

東京タワーの建設が決まると様々な計画が郵政省に持ち込まれた。そして東京タワーの建設を実現させた男が、実業家の前田久吉（写真右）だ。

前田は大阪の貧しい農家に生まれ、新聞配達員の職についた。21歳で母親の実家が経営する新聞販売店を任された後、『南大阪新聞』という地元新聞の発行を始めた。やがて、『日刊工業新聞（後の産経新聞）』を創刊すると〝新聞会の風雲児〟〝大阪の新聞王〟として知られるようになり、「前久（まえきゅう）」と呼ばれるようになった。

東京タワー建設の計画を耳にした前田は構想を膨らませ、タワーの建設を実現させていった。

06

東京タワーの名前は、〝昭和塔〟になるかもしれなかった！

東京タワーの名前は公募で選ばれた。電波塔が建てられることになり、塔の名前を一般公募したところ、応募総数８万６２６９通の様々な名前が集まった。中でも一番多かった名前は〝昭和塔〟。〝東京タワー〟という名前の応募は２２３通で、全体のわずか０・26パーセント程だった。

東京タワーの完成直前に審査会が行なわれ、話し合いの末、当初は平凡と思われた〝東京タワー〟という名前が委員たちによって選ばれた。審査会の委員長であった活弁士・徳川夢声は後に、「今日に至ってみると、この名こそ最もふさわしきもの！　平凡こそ最高なり！」と記している。

07

建設中、工事がストップしたことがある！

昭和32年（1957年）11月、タワーの４脚が空中で合体してアーチができた。そしてアーチから上の塔の体をまっすぐに建てていく工事が始まったが、ある日突然、工事がストップしてしまった。

理由は、アーチ上の組み立てに取り掛かった際、鉄骨がはまらない部分が出てきたため。計測すると、１ヶ所だけ鉄骨の曲がる角度が設計図と違う部分が見つかった。幸いリベットを打つ穴をずらすことで対処できたので、リベットの穴の位置を15ミリだけ移動し、一週間後に工事は無事再開した。

08

昭和33年建築と高さ333メートルは偶然だった！

完成当時、自立鉄塔として世界一の高さ（３３３メートル）を誇った東京タワー。昭和33年（1958年）に建てられたから３３３メートルにしたのかと思いきや、あくまでも偶然の一致だった。

タワーの高さが決まるまでには紆余曲折あり、まず都心から半径１００キロ圏内の、１８００万人の人々にテレビを楽しんでもらうために３００メートル以上の高さが必要だった。当初は３８０メートルの高さで設計されていたが、テレビ局側からの「強風時のアンテナの揺れを極力抑えて、安定した映像を送信してほしい」という要望から、ほぼ設計図が出来上がったタイミングで工事の計画が急遽変更された。しかしアンテナ部分の80メートルはどうしても必要なため、塔部分を短くすることで現在の３３３メートルという高さになった。

09 東京タワーは上野公園に建設されるかもしれなかった！

東京タワーを建築する際、最初の壁は場所探しだった。テレビの電波が都内に届く場所を考えると、タワーは都心に建てる必要がある。さらに展望台を併設する案もあったので、煙が上がる工場地帯に建てることはできない。タワーを建てるためには広大で地盤の強い土地が必要なので、都心でそれだけの土地を探すのは困難を極めた。

そのため当初の予定である都心からは外れていたものの、上野公園も候補地の１つになったという。土地選びは難航の末、最終的には増上寺の一部である港区芝公園の紅葉山と呼ばれる土地を確保することに成功。上野公園での建築は幻となった。

10 東京タワーの色は赤と白ではなかった！

東京タワーといえば赤と白のツートンカラーを連想するが、実はあのカラーリングは赤と白ではない。

航空法に「昼間において航空機からの視認が困難であると認められる煙突、鉄塔やその他の国土交通省令で定める物件で地表または水面から60メートル以上の高さのものの設置者は、国土交通省令で定めるところにより、当該物件に『昼間障害標識』を設置しなければならない」という項目がある。そしてその色や塗り分け方については、「最上部から『黄赤』と白の順に交互に帯状に塗色すること」と書かれている。

「黄赤」というのは「インターナショナルオレンジ」という航空法で定められた色のこと。つまり東京タワーの赤は、実はインターナショナルオレンジという色なのである。

12 東京タワーにはなぜかカラフト犬の記念像があった！

東京タワーの４脚のひとつの横にかつて、『南極観測ではたらいたカラフト犬の記念像』（写真）があった。このカラフト犬は昭和33年（１９５８年）に南極越冬隊とともに南極に渡った犬たちで、悪天候のために越冬を中止した越冬隊は、カラフト犬15頭を鎖につないだまま南極に残し帰国した。翌年の１月14日、再び越冬隊が南極へ上陸すると、13頭は餓死していたり行方不明となっていたが、奇跡的に２頭が生存しているのを発見した。

日本動物愛護協会は「二度とこのようなことを繰り返してはいけない」という思いから、昭和34年（１９５９年）、当時開業したばかりで話題の場所だった東京タワーに動物愛護のシンボルとして記念像を作った。このカラフト犬の記念像は平成25年（２０１３年）に東京タワーから立川市の「国立極地研究所」に移設されている。

11 建設時の鳶の給料は高給だった！

東京タワーの建築に関わった鳶の日給は、およそ千円から3千円だったという。当時の国家公務員の初任給が１万２百円だったことを考えると高給である。ただし、当時の人々の中には「命がけの仕事だから、さぞ高給だろう」と、さらに高い給料だと推測する向きもあったようだ。ちなみに鳶の平均年齢は35歳前後で、20歳前後の若者も含まれていた。

13 東京タワーは怪獣を倒したことがある！

昭和41年（１９６６年）に放送された『ウルトラＱ』の中の「２０２０年の挑戦」という作品で、東京タワーが怪獣を倒すシーンがある。

宇宙人のケムール人は地球人を誘拐し、自分たちの星に伝送する。巨大化して暴れるケムール人に向けて、弱点であるＸチャンネル光波が東京タワーから発射されると、ケムール人の頭に命中。そして自らの液体を浴びたケムール人は消滅してしまうのだった。東京タワーが怪獣を倒す作品は珍しいが、反対に東京タワーが怪獣に破壊される映画は、ゴジラシリーズやウルトラマンシリーズを筆頭に数多く作られている。

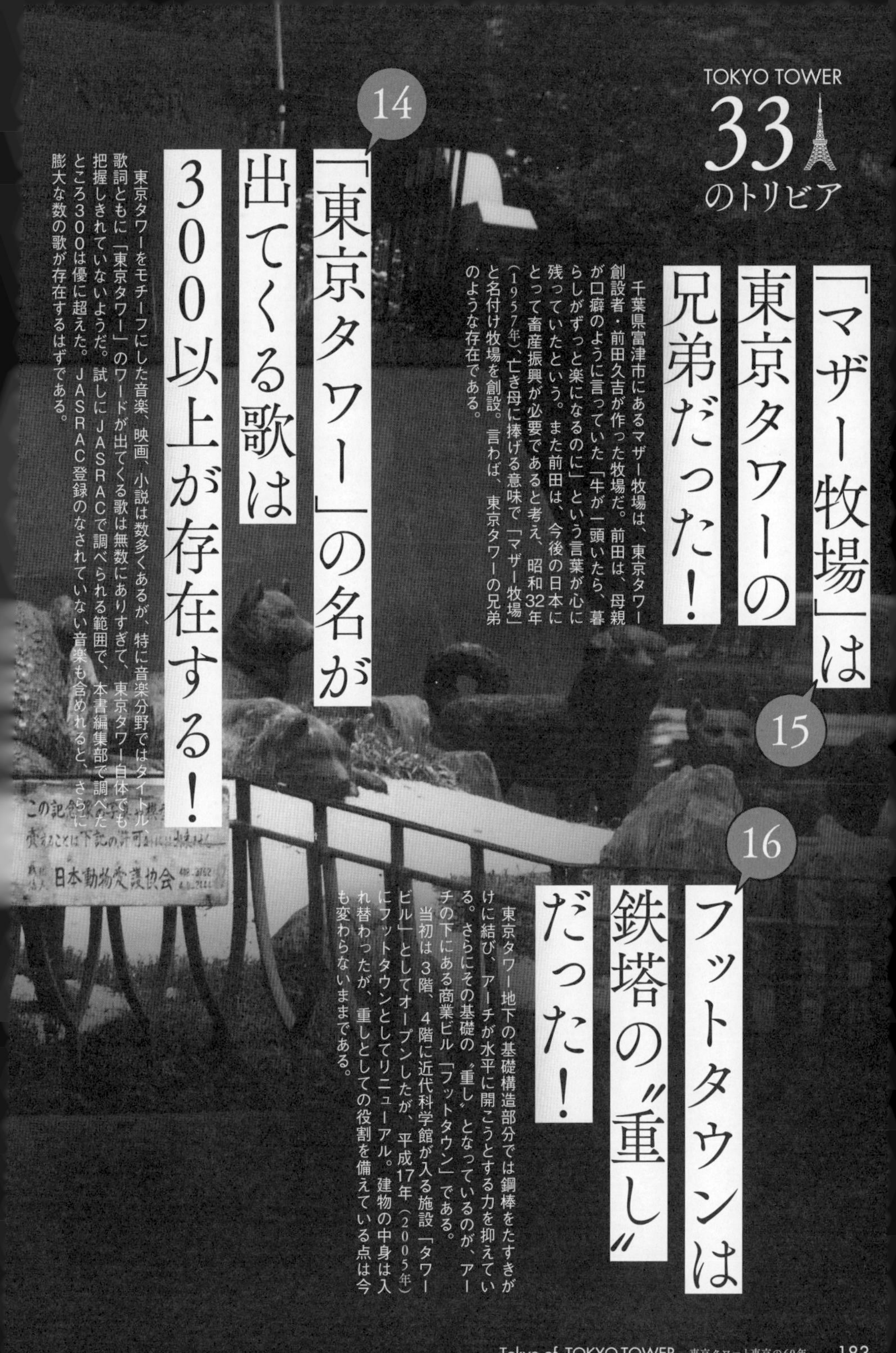

14 「東京タワー」の名が出てくる歌は300以上が存在する！

東京タワーをモチーフにした音楽、映画、小説は数多くあるが、特に音楽分野ではタイトル、歌詞ともに「東京タワー」のワードが出てくる歌は無数にありすぎて、東京タワー自体でも把握しきれていないようだ。試しにＪＡＳＲＡＣで調べられる範囲で、本書編集部で調べたところ３００は優に超えた。ＪＡＳＲＡＣ登録のなされていない音楽も含めれると、さらに膨大な数の歌が存在するはずである。

15 「マザー牧場」は東京タワーの兄弟だった！

千葉県富津市にあるマザー牧場は、東京タワー創設者・前田久吉が作った牧場だ。前田は、母親が口癖のように言っていた「牛が一頭いたら、暮らしがずっと楽になるのに」という言葉が心に残っていたという。また前田は、今後の日本にとって畜産振興が必要であると考え、昭和32年（1957年）、亡き母に捧げる意味で「マザー牧場」と名付け牧場を創設。言わば、東京タワーの兄弟のような存在である。

16 フットタウンは鉄塔の〝重し〟だった！

東京タワー地下の基礎構造部分では鋼棒をたすきがけに結び、アーチが水平に開こうとする力を抑えている。さらにその基礎の〝重し〟となっているのが、アーチの下にある商業ビル「フットタウン」である。

当初は３階、４階に近代科学館が入る施設「タワービル」としてオープンしたが、平成17年（2005年）にフットタウンとしてリニューアル。建物の中身は入れ替わったが、重しとしての役割を備えている点は今も変わらないままである。

17 “作業台”だった！トップデッキはもともと

東京タワーの開業時、展望スペースは大展望台（現在のメインデッキ）のみだった。その後、来場者にさらに多様な景色を楽しんでもらおうと、昭和42年（１９６７年）７月25日に特別展望台（現在のトップデッキ）がオープン。元々はアンテナ点検作業などの為に使用されていた作業台だった場所を用途変更申請し、展望台に変えたのである。

トップデッキはメインデッキよりも１００メートル高く、抵抗を少なくするために円形の形をしている。高さ２５０メートルからの眺望は、関東平野一帯を見下ろす絶景である。ちなみに、トップデッキ行きエレベーターは、基本的に風速15メートルで減速運転、20メートルで休止となるが、メインデッキは天候に関係なく３６５日オープンしている。

18 メインデッキには階段でも登れる！

フットタウンの館内専用エレベーターに乗って屋上に出ると、メインデッキ（旧大展望台）まで続く昇り階段の入り口がある。外階段は約６００段。開業当時のパンフレットには、「大人13分、小学生15分、老人20分」と書かれていた。以前は夏休みなど混雑時に限ってオープンしていたが、もっと階段で昇れる機会を作ってほしいというリクエストが相次ぎ、平成17年（２００５年）８月からは土・日・祝日の11時〜16時の間に開放されるようになった（雨天・荒天時は中止）。ちなみに料金は、エレベーターで昇っても階段で昇っても同じである。

19 蝋人形館がミュージシャンで充実していたのは、館長の趣味！

昭和45年（１９７０年）、日本初、アジア最大の蝋人形館が東京タワーに開設された。展示された人形は蝋人形発祥の地、ロンドンの工房から直輸入されたものが中心で、その数なんと１００体以上。オープン当初はドラキュラやフランケンシュタインなどが人気だったが、後に宇宙飛行士や女優などが追加されていった。

また出口付近には、ジミ・ヘンドリックスやリッチー・ブラックモアなど、数々の有名ミュージシャンが並ぶコーナーがあり、これは館長の趣味だったという。さらに出口を通ると「ジャーマン・ロック＆プログレ専門ＣＤショップ」まであった。蝋人形館は平成25年（２０１３年）９月１日、43年の歴史に幕を下ろした。

21 〝ライトアップが消える瞬間を一緒に見ると幸せになる〟ライトダウン伝説は漫画が元ネタ！

東京タワーのライトアップは原則的に0時消灯だが、この瞬間をカップルで見ると、幸せになるという噂が一時広まった。今でもその瞬間を見ようと東京タワーに集まるカップルは少なくないが、この噂の発端は名コミック『部長 島耕作』のワンシーン。島耕作は好意を寄せる大町久美子の25歳の誕生日に、2人でレストランで食事をし、ケーキも用意してもらっていたが、あえてロウソクを1本足りない、24本分で手配。島は彼女に謝りながら「足りない1本のロウソクは、東京タワーなんだ」と展開。さらに、0時消灯を知っていた島は、東京タワーのライトアップが消える0時ジャストにタワーに向けて息を吹きかけ、見事ロウソクを消してみせた。これを見た大町久美子からは「素敵！」と抱きつかれてしまうのだった。

20 特別展望台で結婚式を挙げたカップルがいた！

昭和45年（1970年）3月23日、当時の東京タワー蝋人形館経営者のジョージ・ドラッカーさんとヴィッキー・クロフォードさんが特別展望台で結婚式を挙げた。結婚式は和装で行なわれ、展望台での結婚式はこれが初めてだった。

22 愛の告白のために鉄塔によじ登った人がいた！

高い建物に登りたくなる人はいるもので、東京タワーでも、これまでに鉄塔によじ登った迷惑な人が何人かいた。

中でも驚きだったのは平成17年（2005年）10月2日に、地上約100メートルまでよじ登った男。鉄骨部分に立った男は大きな赤いハートと女性の名前を書いた旗を広げてみせ、その様子はテレビでも放映された。自称31歳の男は警察の説得を受けて降り、不法侵入罪で逮捕された。

23
東京タワー下にあった
ボウリング場跡地は、
とうふ料理屋になった！

戦後アメリカで起こったボウリングブームに影響を受けて、日本電波塔株式会社の創設者・前田久吉は昭和37年（1962年）、東京タワーの南側のすぐ下に「東京タワー・ボウリングセンター」をオープンさせた。２階建て、64レーンを備えた大ボウリング場は、ボウリングの本場アメリカ以外では最大規模のボウリング場で、「タワーボウル」の愛称で親しまれた。

　数多くのプロボウラーが育ったこのボウリング場は、平成13年（2001年）2月末に惜しまれつつ閉館。「東京タワーアミューズメントホール」という貸展示場として使用された後、現在跡地では豆腐懐石の「東京芝　とうふ屋うかい」が営業している。

24
ノッポン兄弟の
ツイッターで
性格の違いがわかる！

平成10年（1998年）、一般公募で選ばれた東京タワー公式キャラクター・ノッポン兄弟。誕生日は平成10年（1998年）12月23日（東京タワー開業40周年記念日）。年齢は「永遠の10歳」、身長は2メートル23センチ。兄弟それぞれがツイッターのアカウントを持っており真面目な弟のアカウントは東京タワーの公式アカウントでもある。弟はイベントやライトアップ等の情報をほぼ毎日づぶやいているが、クールな性格の兄は滅多につぶやかず、たまにつぶやく一言にはインパクトがある。

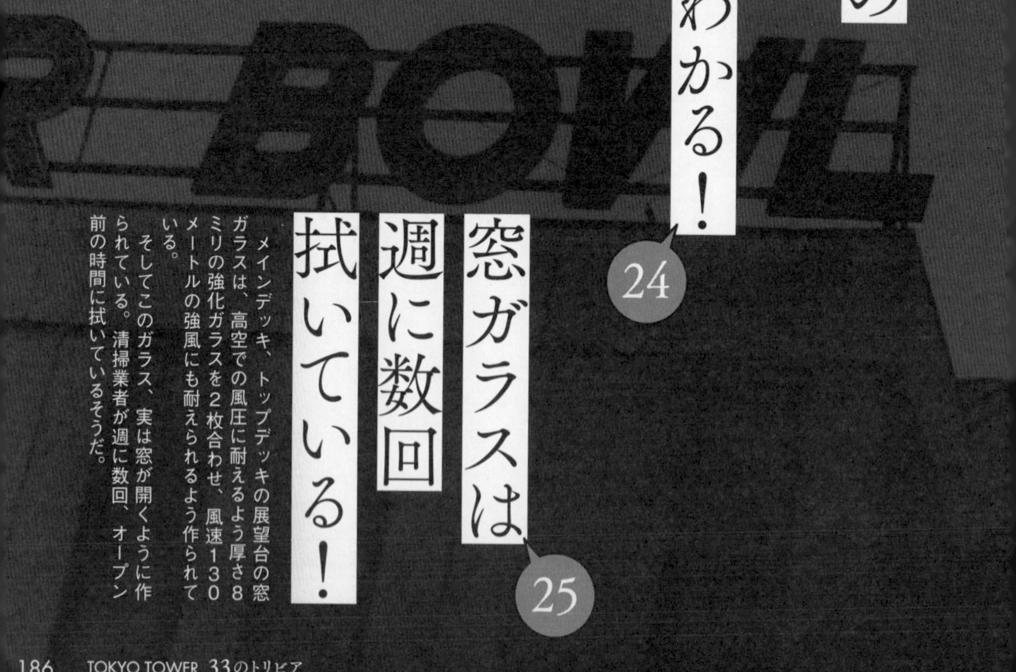

25
窓ガラスは
週に数回
拭いている！

　メインデッキ、トップデッキの展望台の窓ガラスは、高空での風圧に耐えるよう厚さ８ミリの強化ガラスを２枚合わせ、風速１３０メートルの強風にも耐えられるよう作られている。

　そしてこのガラス、実は窓が開くように作られている。清掃業者が週に数回、オープン前の時間に拭いているそうだ。

27 ペンキの塗り替えは職人の手作業！

東京タワーの外観は、ほとんどがペンキ塗装されている。約９万４千平方メートルの面積を塗装するのに３万４千リットルのペンキを使用し、ほぼ５年に一度のペースで外観塗装の補修が行なわれている。塗料が進化したこともあり、平成30年（2018年）～平成31年（2019年）に実施された11回目の塗装工事を最後に、それまで５年に１回のペースで実施されてきた塗装工事は、12回目から７年に１回のペースに変わる予定。

作業時間は日の出からタワーの営業開始まで。すべてハケを使った手作業で、延べ９千人が作業に当たって１年ほどかかる。使用する塗料を18リットルの石油缶に置き換え、縦に積み重ねると東京タワーの２倍の高さになる。

26 ノッポン兄弟は作家デビューしていた！

平成18年（2006年）７月、講談社より『東京タワーのノッポン』という本が発売された。著者はノッポン兄弟。当時、話題となった東京タワー公式ＨＰ掲示板でのやり取りを中心にまとめられた。発売日にはノッポンのサイン会も開催され、多くのファンが集まった。

28 東京タワーのオフィシャルショップは2店舗だけ！

東京タワーフットタウン内には数多くのお土産屋が軒を並べる。「東京おみたげたうん」は開業当初から出店している店舗が集まった懐かしい商品が並ぶエリア。「努力」「根性」と書かれたキーホルダー等、ベタな東京土産が取り揃う。

東京タワーの公式グッズを選ぶならメインデッキ２階の「ＴＨＥ ＳＫＹ」、フットタウン３階の「ＧＡＬＡＸＹ」がおすすめ。東京タワーオフィシャルショップはこの２店舗だけである。

30

ライトアップ1日の電気代は約1万8千円！

ライトアップ（ランドマークライト）にかかる電気代は、1日およそ1万8千円程度。ランドマークライトの照明は、タワー全体に180個設置されており季節によって照明の色を変えている。

涼しげな夏用ライトアップは七夕の夜から10月初旬まで。温かみのある冬用ライトアップは10月初旬から7月6日まで。つまり、ライトアップは年に2回、衣替え（電球交換）をしているのである。万が一ライトが切れた場合には、そこだけ取り替えることになっているが、実際には切れることはまずないそうだ。

29

フットタウンにはかつて「近代科学館」があった！

現在のフットタウンは開業当時、〝タワービル〟という名称だった。

地下1階、地上4階の建物の中にさまざまな施設が揃っていて、メイン施設は3階と4階の近代科学館だった（写真）。4階には各企業のショールームがあり、当時の最新技術を駆使した科学資料が展示されていた。3階は電器の展示場で、ロケットやアマチュア無線のモデル・ステーションがあり、世界のハム仲間を呼び出して交信出来るブースには多くの人が集まった。

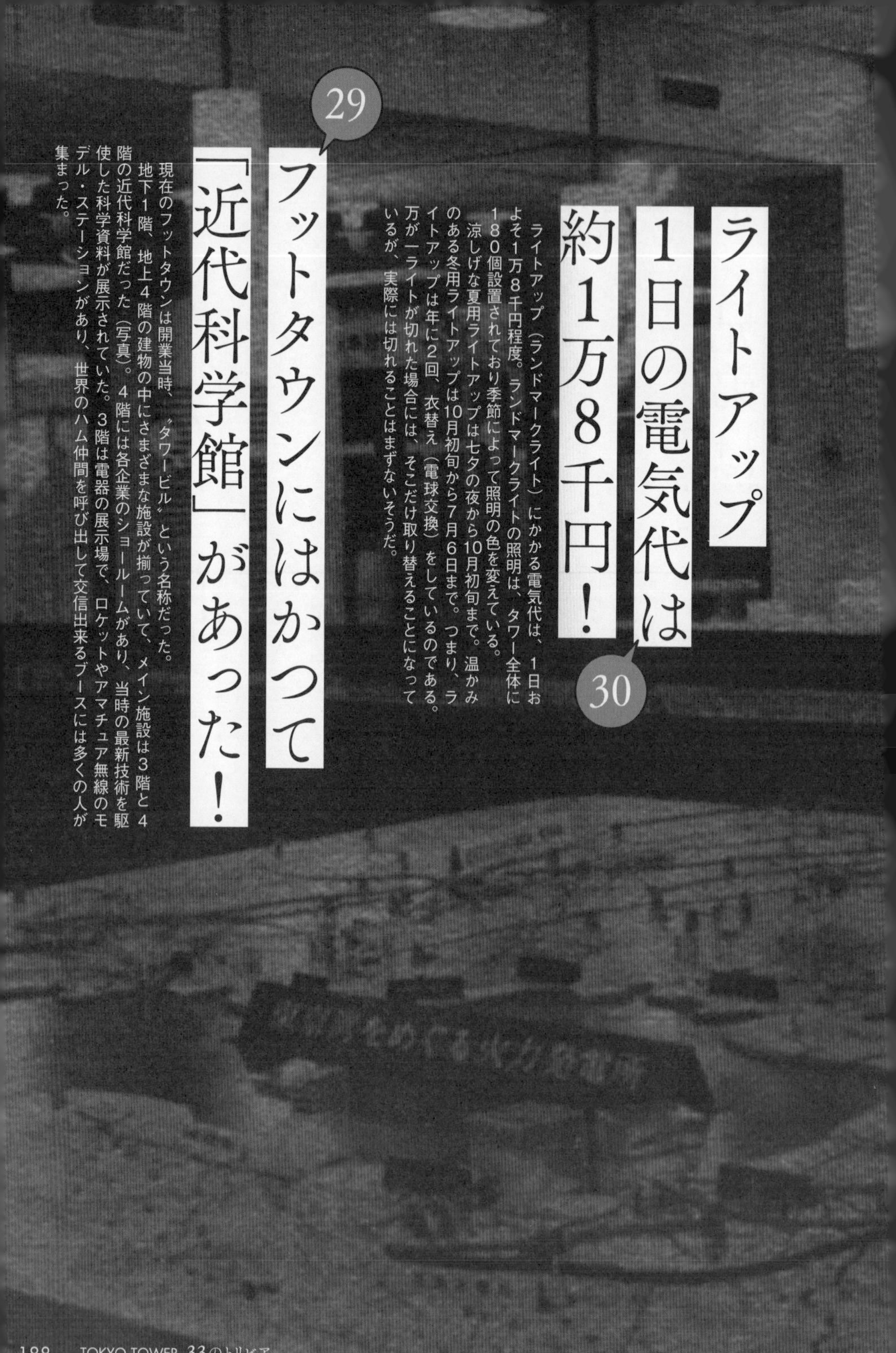

32 誕生日に東京タワーに行くと良いことがある!

誕生日およびその前後1日に東京タワーメインデッキに上がると「バースデーパック」というお得なサービスが受けられる。

対象店舗にてスイーツのサービスがあったり、オリジナルグッズのプレゼント、限定フレームでの写真撮影が受けられる他、近くの東京プリンスホテル内のレストランでも、ドリンクサービス等のサービスを受けることができる。事前予約の必要はないが、誕生日を証明できる物（免許証・保険証等）をチケットカウンターに提示する必要がある。

31 毎晩午前0時から5分間、光のショーを見ることができる!

東京タワーのライトアップは原則、午前0時消灯となっている。ただし、その後5分間は、ブルーのダイヤモンドヴェールが先端から足元に向かってゆっくりと点灯し、すべて点灯した後は、先端に向かってゆっくりと消灯していく「ミッドナイト・パターン」というショーが毎晩展開されている。

ちなみに深夜でもライトアップが点灯している事があるが、これは夜間工事を実施している際、その照明用の点灯である。

33 元旦に東京タワーに行くと記念品がもらえる!

通常東京タワーの展望台は午前9時にオープンしているが、年に1日だけ元旦の朝は、午前6時から営業している。毎年、新年を迎えるとお膝元の芝増上寺で初詣を終えた人たちが集まり始め午前6時過ぎには千人〜千5百人の行列ができる。展望台へお越しの方には元旦の特別サービスとして、非売品の刻印入り記念メダルがその年の数だけ配布される。初日の出を拝んだ後、メインデッキのタワー大神宮で、そのまま初詣をする風景も東京タワーならではである。

Tokyo of

東京タワーと東京の60年

TOKYO TOWER

参考文献

『東京タワー10年のあゆみ』(日本電波塔株式会社)

『東京タワーの20年』(日本電波塔株式会社)

『東京タワー』(日本電波塔株式会社)

『前田久吉傳』前田久吉傳編纂委員会(日本電波塔株式会社)

『TOKYO TOWER magazine』(クロス・エー)

『東京タワー99の謎』東京電波塔研究会(二見書房)

イラストレーション	ホセ・フランキー
装丁・デザイン	今井秋乃・松田義人(deco)
編集・執筆	松田義人・小嶋平康(deco)
翻訳	山田章博、KU SUYOUNG
写真	ハラダケイコ、TOKYO TOWER史料室、アフロ、共同通信社、毎日新聞社、Shutterstock
編集協力	山口れいこ、阿部千恵子、澤田健・森勇己(株式会社 TOKYO TOWER)、株式会社竹中工務店
企画・プロデュース	BJ 笹井和也(ギャンビット)
監修・協力	株式会社TOKYO TOWER

Tokyo of TOKYO TOWER

東京タワーと東京の60年

「東京タワーで、あいましょう。」計画
ロゴデザイン　仲條正義

2020年12月23日　初版発行

発行人　宮田昌広
発行所　株式会社ギャンビット
〒104-0045
東京都中央区築地 1-9-5
電話　03-3547-6665
（営業時間：土日、祝日を除く
12:00〜16:00）

印刷・製本　シナノ印刷株式会社
ISBN978-4-907462-48-2

本書掲載の写真に写られている方は、ご連絡先がわかる限り許諾を得て掲載しています。しかし、60年以上もの長きにわたっての古い写真や出典不明な写真が多く、どうしてもご連絡先がわからない方もいらっしゃいました。本書をご覧いただき被写体の方の肖像など、お心あたりのある方は弊社までご連絡をいただければ幸いです。